Zeitformen

Vergangenheit

Gegenwart

Zukunft

üben und festigen

Kopiervorlagen
mit Lösungen

Saskia Kistner | Ann Cathrin Thanuskody

Verlag an der Ruhr

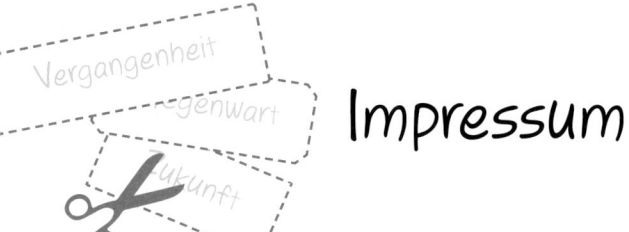

Impressum

Titel
Zeitformen üben und festigen
Kopiervorlagen mit Lösungen

Autorinnen
Saskia Kistner, Ann Cathrin Thanuskody

Illustrationen
siehe Nachweis am Bild

Druck
Heenemann GmbH & Co. KG, Berlin, DE

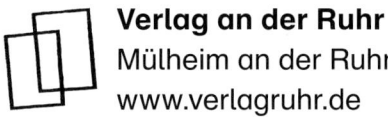

Verlag an der Ruhr
Mülheim an der Ruhr
www.verlagruhr.de

Geeignet für die Klassen 3–5

© **Verlag an der Ruhr 2016,** Nachdruck 2020
ISBN 978-3-8346-3051-3

Inhaltsverzeichnis

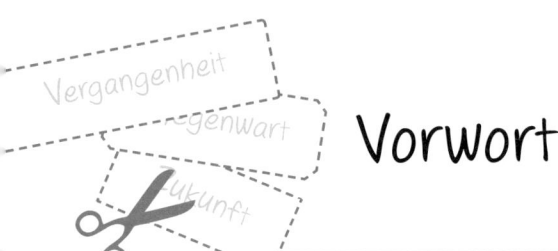

Vorwort

Das vorliegende Material befasst sich mit den Zeitformen des Verbs, besonders mit den Zeiten Präteritum, Perfekt und Futur I, wobei das Präsens auch stets eine Rolle spielt. Das Präsens speziell wird allerdings nicht erarbeitet, da dies meist bei der Bearbeitung der Wortart Verben schon geschehen ist. So haben die Kinder in der Regel bereits Verben konjugiert und können Sätze im Präsens problemlos bilden.

Da wir das Futur II in dieser Mappe nicht berücksichtigen, haben wir auf den Arbeitsblättern auf die römische Ziffer „I" verzichtet. Auf den Arbeitsblättern steht also nur der Begriff „Futur".

Da das Präteritum die Zeit ist, die die Kinder in ihrem bisherigen Sprachgebrauch kaum verwenden, fällt das Bilden dieser Zeit den Kindern am schwersten. Aus diesem Grund haben wir das Präteritum in zwei Blöcke aufgeteilt (vgl. Inhaltsverzeichnis S. 3).

So kann man mit Block I zunächst nur die Bearbeitung des Präteritums in den Mittelpunkt stellen, hier gibt es zahlreiche Arbeitsblätter. Unter anderem werden auch die schwierigen Verben „haben", „werden" und „sein" vertieft behandelt.

Im Block II wird das Präteritum wiederholt und im direkten Anschluss kommen die Zeiten Perfekt und Futur I. Alle drei bzw. vier Zeiten werden dann in gemischten Übungen miteinander verbunden und gesichert. Den zweiten Block sollten Sie mit zeitlichem Abstand, von mehreren Monaten oder auch einem Schuljahr einplanen.

Wie können die Materialien im Unterricht eingesetzt werden?

Zu Beginn empfiehlt es sich, die **Merkblätter** (S. 5/26/34) mit den Kindern genau zu besprechen. So können sie weitere Signalwörter sammeln und/oder weitere Verben in unregelmäßige und regelmäßige Verben einsortieren. Wichtig ist es auch, das Konjugieren in dieser Phase mit einigen Verben gemeinsam zu wiederholen und zu üben. Erfahrungsgemäß vergessen die Kinder sehr schnell, wie richtig konjugiert wird. In unserer praktischen Arbeit haben wir die Merkblätter (auch als Hausaufgabe) von den Kindern abschreiben lassen.

Zu den Kopiervorlagen **Verben beugen** (S. 16) und **Infinitivkärtchen** (S. 17) gibt es keine Arbeitsanweisungen, da wir den Umgang für Sie als Lehrkraft offen gestalten wollten. Sie können die beiden Vorlagen z. B. so nutzen:

a) Bestimmte, für Sie wichtige Verben lassen Sie auf S. 16 noch einmal beugen.

b) Die Kinder wählen selbstständig Verben aus, die sie auf S. 16 beugen.

c) Die Kinder ziehen Infinitivkärtchen (S. 17) und beugen das gezogene Verb auf S. 16.

d) Kinder, die Schwierigkeiten mit dem Bilden des Präteritums haben, können auf S. 16 gezielt Verben beugen. Verzichten Sie dann dafür auf andere Arbeitsblätter.

e) Im Plenum, in Einzel- oder Gruppenarbeit, als Angebot in der Lerntheken-, Werkstatt- oder Wochenplanarbeit sind die Vorlagen ebenfalls einsetzbar.

Durch die **Lösungsseiten** (S. 55–71) müssen Sie keine Lösungen erstellen und eine Selbstkontrolle ist gut und einfach ermöglicht. Für einzelne Arbeitsblätter liegen keine Lösungen vor, da die Arbeitsergebnisse der Kinder unterschiedlich ausfallen werden.

Wir wünschen Ihnen viel Erfolg bei der Durchführung der Einheit „Zeitformen üben und festigen"!

Herzliche Grüße
Saskia Kistner und Ann Cathrin Thanuskody

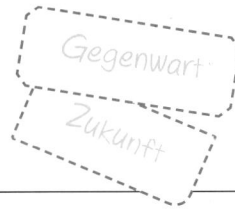

Merkblatt Präteritum

Präsens ist das Fachwort für die **Gegenwart**.
Du benutzt sie, wenn etwas **jetzt** passiert.

Beispiel: Ich schnitze einen neuen Pfeil.

Präteritum heißt die **1. Vergangenheit**.
Du benutzt sie, wenn etwas **aufgeschrieben** wird,
das in der **Vergangenheit** passiert ist.

Beispiel: Ich schnitzte einen neuen Pfeil.

Wenn du die Sätze im Präsens und im Präteritum vergleichst,
kannst du erkennen, dass sich nur das Verb verändert.

> **Das Verb verrät uns die Zeitform.**

Zusätzlich gibt es oft noch **Signalwörter**,
die dir beim Erkennen der Zeitform helfen.

Beispiele:
jetzt, im Moment, gerade, zurzeit
(Signalwörter Präsens oder Gegenwart)

gestern, vor drei Wochen, damals
(Signalwörter Präteritum oder Vergangenheit)

Es gibt regelmäßige und unregelmäßige Verben.
Im Präteritum wird bei **regelmäßigen Verben** ein „-te"
als Endung an den Wortstamm angehängt.

Infinitiv	Präsens	Präteritum
spielen	er spielt	er spielte
malen	er malt	er malte

Im Präteritum verändert sich bei **unregelmäßigen Verben**
der **Selbstlaut** im Wortstamm. Manchmal ändern sich
sogar **Mitlaute** des Wortstammes.

Infinitiv	Präsens	Präteritum
biegen	er biegt	er bog
leiden	er leidet	er litt

Verben zuordnen

 Lies den Text.
Die unterstrichenen Verben stehen im Präteritum (1. Vergangenheit).

 Schreibe die Verben zu den passenden Infinitiven (Grundformen).

Vor vielen Jahren lebte in Nordamerika das Indianervolk der Arapaho.

Sie zogen durch die Prärien. In diesen Graslandschaften folgte der Stamm

den großen Bisonherden. Diese Tiere jagten sie. Das Fleisch aßen sie und

aus den Häuten machten die Frauen Kleider und ihre Tipis. Auch die Knochen

und Hörner verarbeiteten sie, zum Beispiel zu Waffen oder Schmuck.

Außerdem sammelten die Frauen Holz, Beeren, Nüsse und Heilpflanzen.

Zu diesem Stamm gehörten auch Kleiner Wolf und seine beste Freundin

Rote Wolke. Kleiner Wolf war der Sohn des Häuptlings Großer Bär und

wohnte im größten Zelt des Stammes. Das Zelt von Roter Wolke und

ihrer Familie stand ganz in der Nähe des großen Zeltes.

So trafen sie sich oft direkt nach dem Aufstehen und

schmiedeten Pläne für den Tag.

Infinitiv	Präteritum
wohnen	wohnte
verarbeiten	verarbeitete
leben	lebte
schmieden	schmiedeten
folgen	folgte
jagen	jagte
sein	war

Infinitiv	Präteritum
treffen	~~treffte~~ traf
machen	machte
sammeln	sammelte
gehören	gehörte
ziehen	zog
essen	aß
stehen	

Aufgaben-Icon(s): © Verlag an der Ruhr; Tipizelt: © Norbert Höveler

© Verlag an der Ruhr | Autorinnen: Kistner / Thanuskody | ISBN 978-3-8346-3051-3 | www.verlagruhr.de

Verben finden

 Lies den Text.

 Unterstreiche alle Verben. Sie stehen im Präteritum.
Tipp: Du findest die Verben durch die Fragen
„Was tat …?" oder „Was taten …?".

 Schreibe die Verben zu den passenden Infinitiven.

An einem besonders heißen Sonnentag gingen Kleiner Wolf und Rote Wolke
an den Fluss. Dort sprangen sie mit großer Freude von einem hohen Felsen
ins Wasser. Das Wasser spritzte in alle Richtungen. Begeistert quietschten
die Kinder über die Abkühlung. Sie tunkten sich gegenseitig unter Wasser.
Plötzlich spürte Rote Wolke einen Stich in ihrem rechten Bein. Schnell rannte
sie Richtung Ufer. In diesem Moment sah Kleiner Wolf die Schlange.
Er raste Roter Wolke hinterher und half ihr an Land. Rote Wolke zitterte schon.
Das Gift der Schlange wirkte schnell. Eilig untersuchte Kleiner Wolf
ihre Beine. Als er den Biss endlich entdeckte, saugte er rasch
an der Wunde und spuckte das Gift auf den Boden. Rote Wolke erholte
sich sofort. Erleichtert liefen die Kinder ins Dorf.

entdecken	entdeckte	spritzen	spritzten
springen	springten	zittern	zitterten
quietschen	quietschten	rasen	rasten
wirken	wirkten	untersuchen	untersuchten
erholen	erholten	saugen	saugten
rennen	rannten	gehen	gingen
tunken	tunkten	spüren	spürten
sehen	sahen	spucken	spuckten
helfen	halfen	laufen	liefen

Zeitformen

üben und festigen

Die Verben „haben" und „werden"

Die Verben „haben" und „werden" musst du dir besonders gut merken.
Du findest sie durch die Fragen „Was tat …?" oder „Was taten …?" *nicht* heraus.
Es sind **unregelmäßige Verben**.

✏️ **Schreibe die Tabellen in dein Heft und lerne sie auswendig.**

haben	
Präsens	**Präteritum**
ich habe	ich hatte
du hast	du hattest
er/sie/es hat	er/sie/es hatte
wir haben	wir hatten
ihr habt	ihr hattet
sie haben	sie hatten

werden	
Präsens	**Präteritum**
ich werde	ich wurde
du wirst	du wurdest
er/sie/es wird	er/sie/es wurde
wir werden	wir wurden
ihr werdet	ihr wurdet
sie werden	sie wurden

✏️ **Fülle den Lückentext im Präteritum aus.**

Schon viele Tage _jagten_ (*jagen*) die Männer des Stammes Bisons.

Ihre Frauen _hatten_ (*haben*) große Angst um sie.

Eines Abends _entdeckten_ (*entdecken*) einige Kinder am Horizont

die heimkehrenden Jäger. Im Dorf angekommen, _hatten_ (*haben*)

die Männer erst einmal großen Hunger und Durst. Sofort _kümmerten_ (*kümmern*)

sich die Frauen um die erlegte Beute und _versorgten_ (*versorgen*) auch die Männer.

Nach dem Essen _wurden_ (*werden*) der Häuptling müde und _verschvand_

(*verschwinden*) in seinem Zelt.

Einige andere Männer _hatten_ (*haben*) noch genug Kraft und _erzählten_

(*erzählen*) von der Jagd. Besonders Rauchender Schädel _hatten_ (*haben*)

die Aufmerksamkeit der Kinder, denn sie _hatten_ (*haben*) ihn besonders gern.

Als es Nacht _wurde_ (*werden*), _müsten_ (*müssen*) die Kinder ins Bett.

Aufgaben-Icon(s): © Verlag an der Ruhr

© Verlag an der Ruhr | Autorinnen: Kistner/Thanuskody | ISBN 978-3-8346-3051-3 | www.verlagruhr.de

Das Verb „sein"

Das Verb „sein" musst du dir besonders gut merken.
Du findest es durch die Fragen „Was tat …?" oder „Was taten …?" *nicht* heraus.
Auch sind die Personalformen des **unregelmäßigen Verbs** unterschiedlich.

 Schreibe die Tabelle in dein Heft und lerne sie auswendig.

sein	
Präsens	**Präteritum**
ich bin	ich war
du bist	du warst
er/sie/es ist	er/sie/es war
wir sind	wir waren
ihr seid	ihr wart
sie sind	sie waren

Die folgenden Sätze stehen alle im Präsens.

 Unterstreiche alle Verben.

 Schreibe die Sätze im Präteritum in dein Heft
und unterstreiche auch hier alle Verben.

Ich bin direkt neben dir.   *Ich war direkt neben dir.*

Sie sind an der wärmenden Feuerstelle.   *Sie waren an der wärmenden Feuerstelle.*

Du bist als Erster am Fluss.   *Du ~~warst~~ als erster am Fluss.*

Ihr seid in der Unterzahl.   *Ihr wart in der Unterzahl.*

Am Morgen ist er besonders durstig.   *war*

Nach der Jagd sind wir müde.   *waren*

Hinter meinem Tipi ist der Pferdestall.   *war*

Seid ihr beim Wasserloch?   *wart*

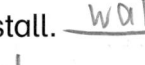

Zeitformen

üben und festigen

© Verlag an der Ruhr | Autorinnen: Kistner/Thanuskody | ISBN 978-3-8346-3051-3 | www.verlagruhr.de

Die Verben „haben", „sein", „werden"

> Die Verben „haben", „sein" und „werden" musst du dir besonders gut merken.
> Du findest sie *nicht* durch die Fragen „Was tat …?" oder „Was taten…?" heraus.

 Beuge die Verben „haben", „sein" und „werden" im Präteritum.

 Schreibe sie in dein Heft.
Schreibe so:

haben: ich hatte
        du hattest
        er/sie/es …

Die folgenden Sätze stehen alle im Präsens.

 Unterstreiche alle Verben.

 **Schreibe die Sätze im Präteritum in dein Heft
und unterstreiche auch hier alle Verben.**

Ich habe ein neues Pferd.

Ich hatte ein neues Pferd.

Das Dorf wird immer größer.

Das Dorf wurde immer größer.

Ihr habt viele Wildpferde.

Ihr hattet viele Wildpferde.

Die Kinder werden hungrig.

wurden

Du bist zu tief im Wasser.

warst

Von der letzten Jagd bin ich sehr enttäuscht.

war

Kleiner Wolf ist sehr aufgeregt.

war

Hast du ausreichend Pfeile?

Hattest

Wir sind am Lagerfeuer.

waren

Die Männer haben eine erfolgreiche Jagd.

hatten

Seid ihr glücklich?

Wart

Aufgaben-Icon(s): © Verlag an der Ruhr

© Verlag an der Ruhr | Autorinnen: Kistner/Thanuskody | ISBN 978-3-8346-3051-3 | www.verlagruhr.de

Unterstreiche alle Verben.

 Schreibe die Verben mit dem Infinitiv in die Tabelle.
Verben, die doppelt vorkommen, musst du nur einmal eintragen.

Morgens <u>erwachte</u> ich voller Aufregung. Es <u>war</u> ein ganz besonderer Tag für mich.

Sofort <u>sprang</u> ich aus dem Bett. Ich <u>aß</u> mein Frühstück so schnell ich konnte.

Dann <u>starteten</u> wir endlich. Rote Wolke <u>wartete</u> schon am Ende des Dorfes

auf meinen Vater und mich. So <u>schwangen</u> wir uns vor dem Sonnenaufgang

auf die Pferde. Noch <u>saß</u> ich hinter meinem Vater auf seinem Pferd. Rote Wolke

<u>hatte</u> bereits ihr eigenes Pferd. Eilig <u>ritten</u> wir in die weite Prärie. Bald schon

<u>entdeckten</u> wir eine große Herde wilder Pferde. Mein Vater und Rote Wolke

<u>preschten</u> zwischen sie. Dann <u>fing</u> ich mit meinem Lasso einen schwarzen Hengst.

Er <u>wurde</u> ganz wild und <u>kämpfte</u> gegen das Seil. Aber ich <u>war</u> stark genug und

der Hengst <u>ermüdete</u> langsam. Ich <u>taufte</u> ihn auf den Namen „Wildfang".

Präteritum	Infinitiv	regelmäßiges Verb	unregelmäßiges Verb
erwachte	erwachen	x	
sprang	springen	x	
aß	essen	x	
starteten	starten		x
wartete	warten	x	
schwangen	schwingen		x
saß	sitzen	x	
hatte	haben	x	
ritten	reiten		x

Präteritum	Infinitiv	regelmäßiges Verb	unregelmäßiges Verb
entdeckten	entdecken		x
preschten	preschen		x
fing	fangen	x	
wurde	werden	x	
kämpfte	kämpfen	x	
waren	war	x	
ermüdeten	ermüden		x
taufte	taufen		x

Aufgaben-Icon(s): © Verlag an der Ruhr

Zeitformen
üben und festigen

© Verlag an der Ruhr | Autorinnen: Kistner/Thanuskody | ISBN 978-3-8346-3051-3 | www.verlagruhr.de

 Unterstreiche alle Verben.

 Schreibe die Verben mit dem Infinitiv in die Tabelle.

Eines Morgens schlichen Kleiner Wolf und Rote Wolke zum Dorfausgang.

Die beiden Indianerkinder tapsten in Richtung Fluss. Dort lag ihr neues Kanu

im Schilf. Es wartete auf seine erste Fahrt. Rote Wolke setzte sich und

Kleiner Wolf schob das Kanu mit voller Kraft ins Wasser. Sofort erfasste

die Strömung das Boot. Kleiner Wolf juchzte laut. Rote Wolke dagegen

machte sich Sorgen. Ein Stück weiter waren Stromschnellen im Wasser.

Schon erreichten sie die gefährliche Stelle. Das Kanu ruckelte und knallte

gegen einen Felsen. Die Kinder purzelten kopfüber ins Wasser.

Prustend schleppten die Kinder sich an Land. Das Kanu verschwand

im Wasserfall und stürzte in die Tiefe. Klatschnass liefen die beiden ins Dorf.

Präteritum	Infinitiv	regelmäßiges Verb	unregelmäßiges Verb
Schlichen	schleichen	X	
tapsten	tapsen		X
liegte	liegen	X	
wartete	warten	X	
setzte	sitzen	X	
schob	schieben		X
erfasste	erfassen		X
juchzte	juchzen		X
machte	machen	X	

Präteritum	Infinitiv	regelmäßiges Verb	unregelmäßiges Verb
waren ⟵ war		X	
erreichten	erreichen	X	X
ruckelte	ruckeln		X
knallte	knallen		X
purzelten	purzeln		X
schleppten	schleppen		X
verschwand	verschwinden		X
stürzte	schtürzen	X	
liefen	laufen		X

Aufgaben-Icon(s): © Verlag an der Ruhr

© Verlag an der Ruhr | Autorinnen: Kistner/Thanuskody | ISBN 978-3-8346-3051-3 | www.verlagruhr.de

Unregelmäßige Verben

 Schneide die einzelnen Teile an den gestrichelten Linien aus.

 Finde zum Infinitiv die passende Personalform und lege das Domino. Beginne mit Start.

 Klebe das Domino auf ein leeres Blatt.

Start	sprechen	es floss	dürfen	sie mochten	raten
du schlugst	trinken	ihr fandet	essen	sie aßen	geben
ich gab	gehen	ihr schwammt	mögen	wir halfen	können
wir sahen	gefallen	er rannte	schwimmen	er tat	sitzen
ich ging	helfen	er riet	reiben	du riebst	tragen
sie sprangen	sehen	du wusstest	tun	ihr konntet	rennen
wir saßen	lesen	ihr last	fließen	wir begannen	denken
es gefiel	singen	sie ritten	schlagen	sie trug	wissen
ich trank	springen	wir durften	reiten	er sprach	beginnen
du dachtest	finden	du sangst	vergessen	er vergaß	**Ende**

Aufgaben-Icon(s): © Verlag an der Ruhr

Zeitformen

üben und festigen

15

© Verlag an der Ruhr | Autorinnen: Kistner/Thanuskody | ISBN 978-3-8346-3051-3 | www.verlagruhr.de

Verben beugen

Infinitiv: ....

ich
du
er/sie/es
wir
ihr
sie

Infinitiv: ....

Infinitiv: ....

Infinitiv: ....

© Verlag an der Ruhr | Autorinnen: Kistner/Thanuskody | ISBN 978-3-8346-3051-3 | www.verlagruhr.de

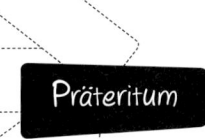

Infinitivkärtchen

(Einsatzmöglichkeiten für diese Seite und die Seite 16 siehe Vorwort S. 4.)

Infinitiv: **holen**	Infinitiv: **sein**
Infinitiv: **spielen**	Infinitiv: **werden**
Infinitiv: **warten**	Infinitiv: **haben**
Infinitiv: **kochen**	Infinitiv: **schwimmen**
Infinitiv: **suchen**	Infinitiv: **essen**
Infinitiv: **reden**	Infinitiv: **schreiben**
Infinitiv: **malen**	Infinitiv: **sehen**
Infinitiv: **schimpfen**	Infinitiv: **nehmen**
Infinitiv: **heißen**	Infinitiv: **sprechen**
Infinitiv: **fahren**	Infinitiv: **lassen**

Zeitformen
üben und festigen

© Verlag an der Ruhr | Autorinnen: Kistner/Thanuskody | ISBN 978-3-8346-3051-3 | www.verlagruhr.de

Sätze bilden (1/2)

📝 **Bilde aus den Wörtern sinnvolle Sätze.**
Achtung, die Verben stehen im Infinitiv! Verändere sie.

📝 **Schreibe die Sätze im Präsens und Präteritum auf.**

1) besonders wichtig – sein – den Indianern – ihre Haare

Präsens: ....

Präteritum: ....

2) die schwarze Pracht – pflegen – täglich – sie

Präsens: ....

Präteritum: ....

3) die Männer – die Haare – ihren Frauen – kämmen

Präsens: ....

Präteritum: ....

4) eine Frau – zwei Zöpfe – tragen – meist

Präsens: ....

Präteritum: ....

5) haben – im Haar – die Männer – oft Federn

Präsens: ....

Präteritum: ....

6) der Kopfschmuck – bei Festen – sehr prunkvoll – sein

Präsens: ....

Präteritum: ....

Sätze bilden (2/2)

 **Bilde aus den Wörtern sinnvolle Sätze.**
Achtung, die Verben stehen im Infinitiv. Verändere sie.

 **Schreibe die Sätze im Präsens und Präteritum auf.**

1) sein – Geschichten – bei den Indianern – beliebt

Präsens: ....

Präteritum: ....

2) die Geschichten – sie – erzählen – am Lagerfeuer – oft

Präsens: ....

Präteritum: ....

3) auf Büffelhaut – man – malen – Bilder

Präsens: ....

Präteritum: ....

4) passen – diese Bilder – zu den Geschichten

Präsens: ....

Präteritum: ....

5) vom Leben der Indianer – berichten – die Geschichten

Präsens: ....

Präteritum: ....

6) so – sie – keine Erlebnisse – vergessen

Präsens: ....

Präteritum: ....

Aufgaben-Icon(s): © Verlag an der Ruhr; Lagerfeuer: © Norbert Höveler

Zeitformen

üben und festigen

© Verlag an der Ruhr | Autorinnen: Kistner/Thanuskody | ISBN 978-3-8346-3051-3 | www.verlagruhr.de

Einen Text umschreiben (1/4)

 Der Text steht im Präsens. Die Verben sind unterstrichen.

 Schreibe jeweils das Verb im Präteritum darüber.

war
Es ist ein besonders langweiliger Morgen. Die Männer sind auf der Jagd und   *waren*

nähten   *passierte*
die Frauen nähen neue Kleider. Ansonsten passiert nichts. Kleiner Wolf und

spielten
Rote Wolke spielen schon seit Stunden mit ihren Freunden Ball.

wurde
Doch langsam, aber sicher wird ihnen auch das langweilig. Die beiden Kinder

nickten   *verschwanden*   *sprangen*
nicken und verschwinden zu den Pferdekoppeln. Sie springen auf ihre Pferde

ritten   *stoppten*   *tränkten*
und reiten in die Prärie. Am Fluss stoppen sie und tränken die Pferde.

hatte
Kleiner Wolf hat eine tolle Idee: ein Wettrennen zum großen Felsen.

gefiel   *gab*
Roter Wolke gefällt das. Also gibt Kleiner Wolf das Startsignal.

   *preschten*
Schnell wie der Wind preschen sie durch das trockene Land.

sah   *flog*
Man sieht nur noch eine Staubwolke. Auf einmal fliegt ein großer Adler

erschreckte
direkt über ihnen und erschreckt Wildfang, das Pferd

sprang
von Kleiner Wolf. Er springt zur Seite und Kleiner

fiel   *verfolgte*
Wolf fällt auf den Boden. Wütend verfolgt

der Junge sein flüchtendes Pferd.

schüttelte
Rote Wolke schüttelt sich vor Lachen.

Aufgaben-Icon(s): © Verlag an der Ruhr; Indianer: © Norbert Höveler

© Verlag an der Ruhr | Autorinnen: Kistner/ Thanuskody | ISBN 978-3-8346-3051-3 | www.verlagruhr.de

Der Text steht im Präsens. Unterstreiche alle Verben.

 Schreibe jeweils das Verb im Präteritum darüber.

erwachte
Mitten in der Nacht erwacht Rote Wolke. Irgendetwas ist komisch.

wuste / roch
Erst weiß sie gar nicht warum. Dann riecht sie etwas Seltsames.

schlich / entdeckte
Leise schleicht sie sich aus dem Zelt. Sofort entdeckt sie das Tipi

schlugen
von Rasender Pfeil. Die Flammen schlagen schon meterhoch.

kreischte / schlug / schauten
Rote Wolke kreischt lauthals. Sie schlägt Alarm. Entsetzt schauen

schrien / blieb
alle in die Flammen. Sie schreien panisch. Nur der Häuptling bleibt ruhig.

schickte
Er schickt die Männer und Frauen zum Fluss. Die Kinder haben auch

beruhigten / redeten
eine Aufgabe. Sie beruhigen die Tiere. Sanft reden sie mit ihnen.

streichelte / wieherte
Kleiner Wolf streichelt Wildfang die Mähne. Er wiehert leise.

kamen
Endlich kommen die ersten Indianer mit dem Wasser und

löschten
löschen das Feuer. Das Zelt ist komplett zerstört. Zum Glück

besuchte
ist niemand verletzt. Rasender Pfeil besucht seit drei Tagen

bauten
den Nachbarstamm. Am nächsten Morgen bauen die Männer

ein neues Tipi für Rasender Pfeil.

Aufgaben-Icon(s): © Verlag an der Ruhr; Indianerin: © Norbert Höveler

Zeitformen
üben und festigen

© Verlag an der Ruhr | Autorinnen: Kistner / Thanuskody | ISBN 978-3-8346-3051-3 | www.verlagruhr.de

Der Text steht im Präsens.

 Schreibe ihn im Präteritum in dein Heft und unterstreiche die Verben.

> Zu den effektivsten Waffen der Indianer zählen Pfeil und Bogen.
>
> Es gibt Flachbögen mit Hanfschnüren. Je nach Länge der Bögen fliegen
>
> die Pfeile bis zu 140 m weit. Die Bögen sind zwischen 1,30 m und 2 m lang.
>
> Sie sind elastisch. Die Pfeile trägt man in Köchern auf dem Rücken.
>
> Die Spitzen der Pfeile bestehen aus geschnitzten Knochen oder Steinen.
>
> Indianerjungen trainieren schon früh mit Pfeil und Bogen. Erst üben sie mit
>
> unbeweglichen Zielen und später schießen sie auf Hasen.

 Fülle den Lückentext im Präteritum aus.

Kleiner Wolf .... (schnitzen) an seinen neuen Übungspfeilen.

Die stumpfen Spitzen .... (liegen) schon neben ihm.

Es .... (sein) harte Arbeit. Schon lange .... (benötigen)

er neue Pfeile. Seine letzte Übungsstunde .... (sein) vor Wochen.

Nach 20 neuen Pfeilen .... (beenden)

er seine Arbeit. Voller Stolz .... (rennen)

er zum Übungsplatz. Sofort .... (schießen)

er die ersten Pfeile in Richtung Zielscheibe.

Seine Freunde .... (üben) ebenfalls. Schnell ....

(entstehen) ein Wettstreit unter den Jungen. Aber wie immer ....

(gewinnen) der zielsichere Furchtlose Panther. Kleiner Wolf .... (holen)

seine Übungspfeile und .... (stecken) sie zurück in den Köcher.

Einen Text umschreiben (4/4)

Der Text steht im Präsens.

 Schreibe ihn im Präteritum in dein Heft und unterstreiche die Verben.

Die Schwitzhütte ist die Indianersauna. Die Indianer holen vom Flussufer
zwölf Weidenruten. Sie stecken sie kreisförmig in den Boden und verbinden
sie oben mit einer Sehne. Darüber legen sie Büffelhäute. In der Mitte
der Hütte befindet sich eine Grube mit heißen Steinen. Über die
glühenden Steine gießen sie kaltes Wasser. So entsteht Dampf.
Er reinigt die Indianer in der Schwitzhütte.

 Fülle den Lückentext im Präteritum aus.

Indianer .... *(betrachten)* Tiere als Gefährten mit einer Seele.

Einige Tiere .... *(haben)* ganz besondere Kräfte.

Dies .... *(sein)* zum Beispiel Bären und Adler.

Der Adler .... *(stehen)* für Weisheit und Mut.

Diese Tiere .... *(bezeichnen)* man als Totemtiere.

Der Mensch .... *(erweisen)* sich als Freund der Tiere.

Dann .... *(übertragen)* sich die besonderen Kräfte

auf den Indianer. Jeder Indianer .... *(suchen)* in seiner

Jugend sein Tier. Viele der Totemtiere .... *(erscheinen)*

dem Suchenden im Traum. Sein Totemtier .... *(begleiten)*

und .... *(beschützen)* einen Indianer ein Leben lang.

Aufgaben-Icon(s), Rahmen: © Verlag an der Ruhr; Tipizelte: © Eva Spanjardt

© Verlag an der Ruhr | Autorinnen: Kistner/Thanuskody | ISBN 978-3-8346-3051-3 | www.verlagruhr.de

Kreuzworträtsel

Schreibe die Verben im Präteritum für die entsprechende Person in das Kreuzworträtsel.

Wichtig: ß bleibt ß!

21↓/1▶ **w a r s t**

1. du bist
2. wir gehen
3. ihr habt
4. sie essen
5. ich rede
6. er gibt
7. sie stellt
8. ich singe
9. wir reiten
10. sie fahren
11. ich niese
12. er mag
13. wir tanzen
14. du kannst
15. ich spiele
16. sie nimmt
17. ihr werdet
18. sie lassen
19. er liest
20. ich mache
21. ihr seid
22. wir verlassen
23. sie verpasst
24. du holst
25. sie schauen

Aufgaben-Icon(s): © Verlag an der Ruhr

© Verlag an der Ruhr | Autorinnen: Kistner/ Thanuskody | ISBN 978-3-8346-3051-3 | www.verlagruhr.de

Vorsilben

Im Präteritum werden Verb und Vorsilbe im Satz getrennt.
Beispiel: ausreiten → Kleiner Wolf *ritt* gerne *aus*.

 Unterstreiche im Text die Verben im Präteritum.
Achte auf Verben mit Vorsilben.

 Trage die Verben in die Tabelle ein.

Rote Wolke wartete vor dem Zelt auf Kleiner Wolf. Dieser hatte einen fiesen Plan.

In seiner linken Hand hielt er eine kleine Schlange fest. Leise und vorsichtig schlich er

sich an. Rote Wolke schaute sich schon ungeduldig um. In diesem Moment steckte

der Junge ihr die Schlange in das Hemd. Entsetzt schrie Rote Wolke auf. Sofort fuchtelte

sie wild mit den Armen herum. Schnell öffnete sie ihr Hemd und holte das Tier heraus.

Wütend rannte sie davon. Kleiner Wolf lachte sie aus. „Das war nur eine ungefährliche

Natter, du Angsthase!", schrie er ihr hinterher.

Infinitiv	Präteritum

Aufgaben-Icon(s): © Verlag an der Ruhr; Schlange: © Norbert Höveler

Zeitformen

üben und festigen

© Verlag an der Ruhr | Autorinnen: Kistner/Thanuskody | ISBN 978-3-8346-3051-3 | www.verlagruhr.de

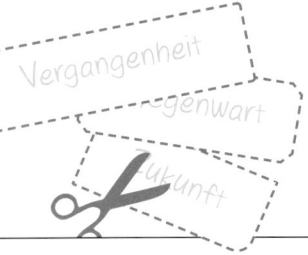

Merkblatt Perfekt

Perfekt heißt die **2. Vergangenheit**.
Sie wird auch **vollendete Gegenwart** genannt.
Benutzt wird sie, wenn von etwas **erzählt** wird, das in der Vergangenheit
passiert ist und bereits abgeschlossen wurde.
Wenn du jemandem etwas erzählst, das gestern passiert ist,
benutzt du also das Perfekt und meistens nicht das Präteritum.

Was würdest du eher sagen?   Gestern **habe** ich Fladenbrot **gegessen**.
Gestern **aß** ich Fladenbrot.

Beides drückt aus, dass das Fladenbrot bereits gegessen wurde.
Es ist also in der Vergangenheit passiert. Der Unterschied besteht nur darin,
dass man den ersten Satz erzählt und der zweite Satz eher benutzt wird,
wenn man ihn aufschreibt.

Das Perfekt bildest du aus einem **Hilfsverb** (haben oder sein)
und dem **Partizip II**. Das Partizip II ist das Verb, das beschreibt,
was geschieht. Es hat meistens die **Vorsilbe „ge-"**.

Beispiele: Letztens **bin** ich zum Medizinmann **gegangen**.
(Hilfsverb)   *(Partizip II)*

Gestern **habe** ich mir einen neuen Kopfschmuck **gebastelt**.
(Hilfsverb)   *(Partizip II)*

Die Verben in den verschiedenen Zeitformen:

Infinitiv	Präsens	Präteritum	Perfekt
spielen	er spielt	er spielte	er **hat ge**spielt
malen	er malt	er malte	er **hat ge**malt
fliegen	er fliegt	er flog	er **ist ge**flogen
rennen	er rennt	er rannte	er **ist ge**rannt

Verben zuordnen

Perfekt

Beim Perfekt werden nur die Hilfsverben „haben" oder „sein" gebeugt.
Das Partizip II bleibt immer gleich.

haben: ich **habe** getanzt wir **haben** getanzt

du **hast** getanzt ihr **habt** getanzt

er/sie/es **hat** getanzt sie **haben** getanzt

sein: ich **bin** gewesen wir **sind** gewesen

du **bist** gewesen ihr **seid** gewesen

er/sie/es **ist** gewesen sie **sind** gewesen

 **Gehört zu dem Verb das Hilfsverb „haben" oder „sein"?
Verbinde.**

glühen üben hüpfen finden lügen wachsen

schnitzen (**haben**) (**sein**) kriechen

schleichen denken kommen treffen lachen kochen

 **Suche dir vier Verben aus:
zwei mit dem Hilfsverb „haben" und zwei mit dem Hilfsverb „sein".
Beuge sie in deinem Heft. Unterstreiche die Hilfsverben.**

Aufgaben-Icon(s): © Verlag an der Ruhr

Zeitformen

üben und festigen

© Verlag an der Ruhr | Autorinnen: Kistner/Thanuskody | ISBN 978-3-8346-3051-3 | www.verlagruhr.de

Sätze bilden

 Lola erzählt von ihren Abenteuerferien im Indianerdorf.
Was hat Lola alles gemacht? Schreibe die Erlebnisse
aus den Sprechblasen in der Zeitform Perfekt in dein Heft.

Lola

Aufgaben-Icon(s), Bogen, Pfeile: © Verlag an der Ruhr; Kanu: © Magnus Siemens; alle anderen Abb.: © Norbert Höveler

© Verlag an der Ruhr | Autorinnen: Kistner/Thanuskody | ISBN 978-3-8346-3051-3 | www.verlagruhr.de

Lückentext

 Fülle den Lückentext in der Zeitform Perfekt aus.

Kleiner Wolf und Rote Wolke sitzen mit Häuptling Großer Bär am Lagerfeuer.
Großer Bär berichtet von einer Zeit, bevor er Häuptling war:

Vor vielen Monden .... ich unseren

Nachbarstamm .... (besuchen).

Während ich mit den anderen den Geschichten des Häuptlings

.... (lauschen),

.... die Kinder des Dorfes heimlich

zum Fluss .... (schleichen).

Plötzlich .... wir lautes Geschrei

.... (hören). Schnell ....

wir den Schreien .... (folgen) und ....

die aufgeregten Kinder .... (entdecken).

Die Kinder .... verzweifelt auf den Fluss .... (zeigen).

Ich .... einfach ins Wasser .... (rennen).

Ich .... (untertauchen) und

.... einen Arm zu fassen .... (bekommen).

Mit dem Kind unter dem Arm .... ich in Richtung Ufer

.... (waten). Erst .... das Kind

ganz still .... (sein). Doch zum Glück ....

es aber bald .... (husten). Erleichtert ....

wir uns dann alle am Feuer .... (aufwärmen).

Zeitformen
üben und festigen

© Verlag an der Ruhr | Autorinnen: Kistner/Thanuskody | ISBN 978-3-8346-3051-3 | www.verlagruhr.de

Eine Tabelle ergänzen

 Fülle die Tabelle vollständig aus.
Achte auf die unterschiedlichen Personalformen.

Infinitiv	Präteritum	Perfekt
gehen	er	er
	wir tanzten	
		ich bin gewesen
	sie kamen	
lesen	ich	
	du hattest	
fahren	wir	
	ihr suchtet	
		er hat befohlen
brennen	es	
		ich habe gewaschen
		du bist geworden
	sie legten	

Aufgaben-Icon(s): © Verlag an der Ruhr

© Verlag an der Ruhr | Autorinnen: Kistner/Thanuskody | ISBN 978-3-8346-3051-3 | www.verlagruhr.de

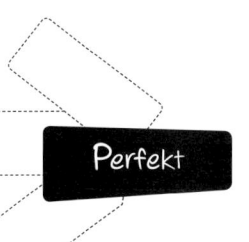

Präsens oder Perfekt?
Spielanleitung

Du brauchst:

- mindestens 1 Mitspieler
- 1 Würfel
- das Spielfeld (S. 33)
- 1 Spielfigur pro Spieler
- Kanu-Karten (S. 32)

So geht's:

Stellt eure Spielfiguren auf das Start-Feld des Spielfeldes (S. 33).
Der jüngste Spieler beginnt und würfelt. Er zieht die entsprechende Zahl
auf dem Spielfeld vorwärts. Es gibt zwei verschiedene Felder:
Kommst du auf einen leeren Kreis, passiert nichts. Du bleibst einfach
stehen und der nächste ist an der Reihe. Kommst du auf das Kanu, zieht
dein rechter Partner eine Kanu-Karte. Hierauf stehen ein Verb und eine
Zeitform (Präsens oder Perfekt). Dein Partner bildet mit diesem Verb
einen Satz in der angegebenen Zeitform. Wenn dein Partner den Satz
im Präsens spricht, dann musst du das tun, was er dir sagt. Hörst du den
Satz im Perfekt, musst du still sitzen bleiben.

Beispiel:

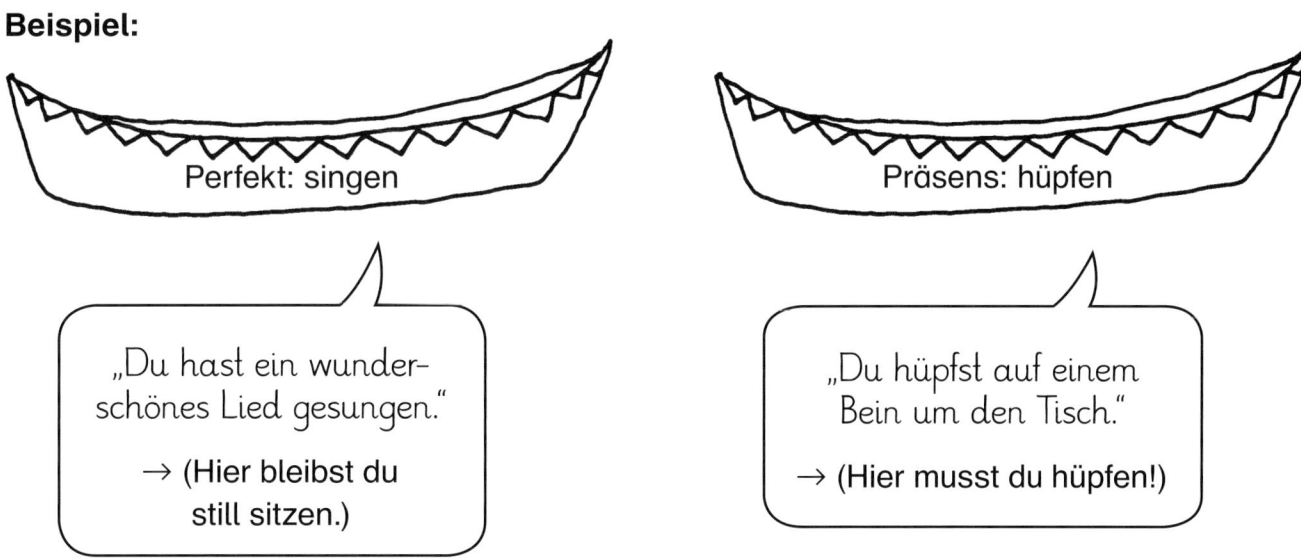

Perfekt: singen

„Du hast ein wunder-schönes Lied gesungen."

→ (Hier bleibst du still sitzen.)

Präsens: hüpfen

„Du hüpfst auf einem Bein um den Tisch."

→ (Hier musst du hüpfen!)

Hast du falsch reagiert, musst du deine Spielfigur ein Feld zurückstellen.
Wer als Erster das Ziel erreicht, gewinnt.

Kanus: © Magnus Siemens

Zeitformen

üben und festigen

31

© Verlag an der Ruhr | Autorinnen: Kistner/Thanuskody | ISBN 978-3-8346-3051-3 | www.verlagruhr.de

Präsens oder Perfekt?
Spielkarten

Präsens: hüpfen	**Präsens:** humpeln	**Präsens:** flüstern	**Präsens:** summen
Präsens: krabbeln	**Präsens:** blinzeln	**Präsens:** kratzen	**Präsens:** tanzen
Präsens: gähnen	**Präsens:** robben	**Präsens:** winken	**Präsens:** brummen
Perfekt: niesen	**Perfekt:** stampfen	**Perfekt:** trampeln	**Perfekt:** pfeifen
Perfekt: malen	**Perfekt:** klatschen	**Perfekt:** husten	**Perfekt:** trinken
Perfekt: seufzen	**Perfekt:** schnipsen	**Perfekt:** schreiben	**Perfekt:** rechnen

Abb.: © Magnus Siemens

© Verlag an der Ruhr | Autorinnen: Kistner / Thanuskody | ISBN 978-3-8346-3051-3 | www.verlagruhr.de

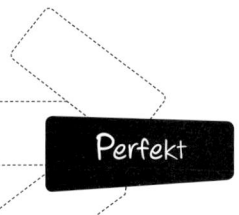
Präsens oder Perfekt?
Spielfeld

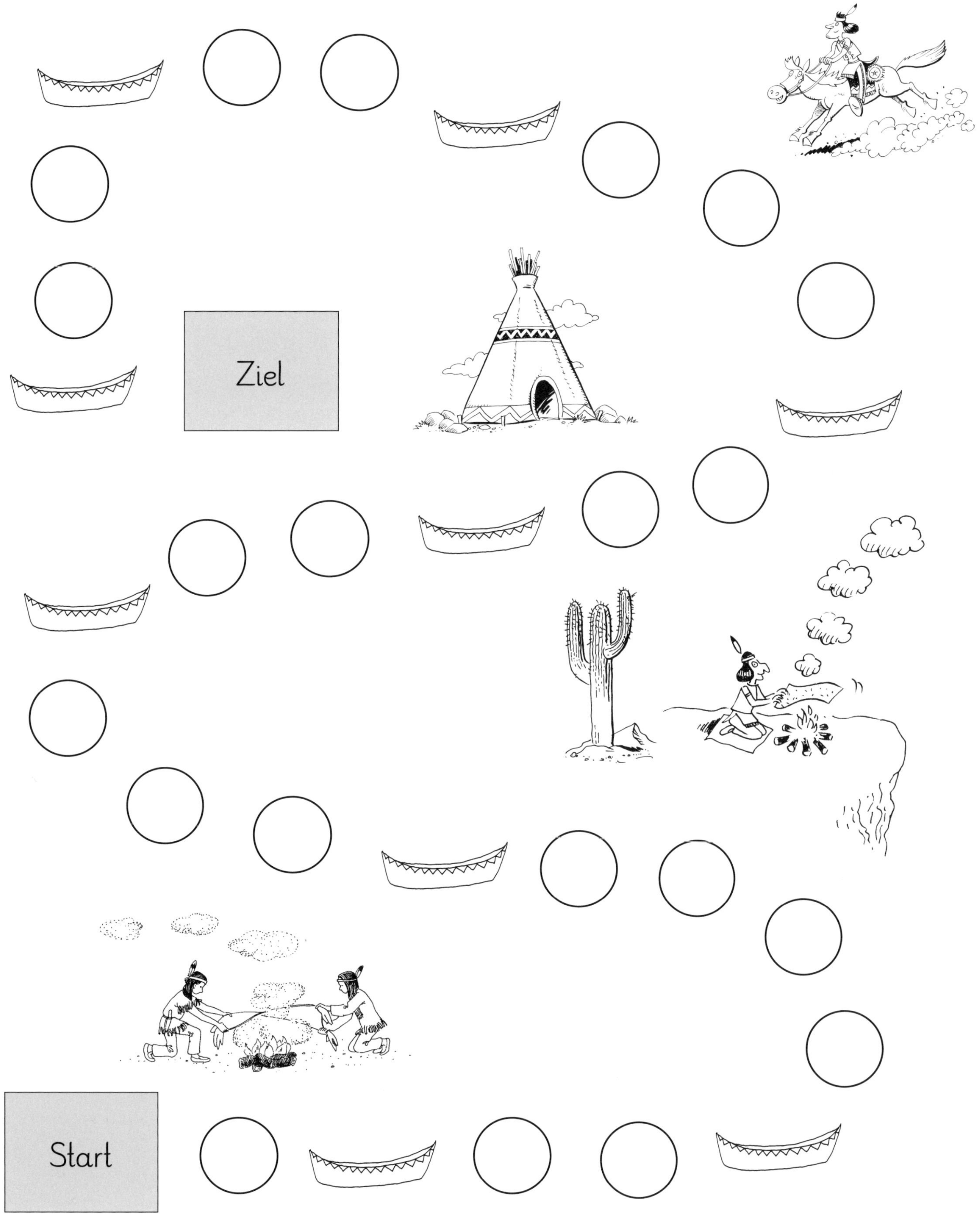

Ziel

Start

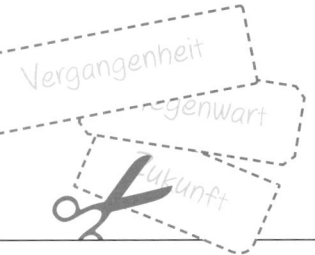

Merkblatt Futur

Futur ist ein anderes Wort für die Zeitform **Zukunft**.
Wenn du von etwas sprichst oder schreibst, das erst noch passieren wird,
benutzt du das „Futur".
Das Futur bildest du mit dem **Hilfsverb „werden"** und dem **Infinitiv**
(Grundform) des Verbs, das beschreibt, was geschieht.

Beispiel: **Wirst** du mir ein Tipi **bauen?**
Wir **werden** neue Tierhäute **brauchen.**

Viele **Signalwörter** verraten dir, dass ein Satz im Futur steht:
Beispiele: morgen, bald, in ein paar Tagen, in zwei Jahren, demnächst ...

Die Verben in den verschiedenen Zeitformen:

Infinitiv	Präsens	Präteritum	Perfekt	Futur
spielen	er spielt	er spielte	er hat gespielt	er **wird spielen**
malen	er malt	er malte	er hat gemalt	er **wird malen**
fliegen	er fliegt	er flog	er ist geflogen	er **wird fliegen**
rennen	er rennt	er rannte	er ist gerannt	er **wird rennen**

Verben unterstreichen

Kleiner Wolf wird bald ein Geschwisterchen bekommen und macht sich Gedanken.

 Unterstreiche im Text das Futur.

Ich werde gut für das Kleine sorgen.

Wird Mama noch Zeit für mich haben?

Werden wir noch gemeinsam reiten?

Papa und ich werden ihm einen Schlafplatz bauen.

Morgen werde ich Mama das Frühstück machen.

Kleine Wolke wird eine Decke für das Baby weben.

Was für einen Namen wird das Baby wohl erhalten?

Ich werde ihm das Dorf zeigen.

Werden Mama und das Baby Geschenke bekommen?

Die Frauen werden Mama bei der Geburt helfen.

Papa wird wieder aufgeregt vor dem Zelt sitzen.

Die Männer werden Papa unterstützen.

Ob der Häuptling Geschichten erzählen wird?

Zeitformen

üben und festigen

Eine Tabelle ergänzen

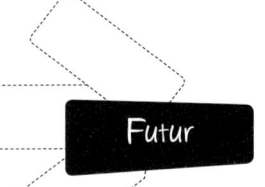 **Trage die Verben von S. 35 in die Tabelle ein und fülle sie aus.**

 Benutze beim Präteritum immer die „er-Form".

Infinitiv	Präteritum	Futur
sorgen	er sorgte	werde sorgen
	er	
	er	
	er	
	er	
	er	
	er	
	er	
	er	
	er	
	er	
	er	
	er	

Aufgaben-Icon(s): © Verlag an der Ruhr

© Verlag an der Ruhr | Autorinnen: Kistner/ Thanuskody | ISBN 978-3-8346-3051-3 | www.verlagruhr.de

Lückentext

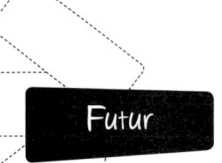 **In den Sätzen unten fehlen die Verben.**
Schreibe die Sätze im Futur in dein Heft und ergänze dabei die Lücken.

 Unterstreiche die Verben.

Alle Männer des Dorfes sitzen zusammen und planen die größte Jagd des Jahres,
um einen Vorrat für den Winter anzulegen.

> Ihr zwei … euch hinter dem großen Felsen … *(verstecken)*.

> Großer Bär … das Signal … *(geben)*.

> Wir … mit großem Geheule die Herde … *(aufschrecken)*.

> So … wir viele Vorräte … *(haben)*.

> Dann … die Tiere zu dem Felsen … *(rennen)*.

> Dort … wir die Tiere … *(erlegen)*.

> Die Frauen … die Felle … *(verarbeiten)*.

> Die Jagd … eine Woche … *(dauern)*.

Aufgaben-Icon(s): © Verlag an der Ruhr; Indianerrunde/Lagerfeuer: © Norbert Höveler

Zeitformen
üben und festigen

© Verlag an der Ruhr | Autorinnen: Kistner/Thanuskody | ISBN 978-3-8346-3051-3 | www.verlagruhr.de

Signalwörter

Bilde mit den Satzteilen und Signalwörtern eigene Sätze im Futur.
Die Sätze sollen aus mindestens acht Wörtern bestehen!
Tipp: Signalwörter findest du auf dem Merkblatt Futur (S. 34).

Kanu fahren   Tipi aufbauen   Pferde füttern

Büffel jagen   Geschichten erzählen

Pfeile schnitzen   Fische angeln   Felle waschen

Ball spielen   Adler beobachten

Morgen werden alle Kinder mit den Kanus zu einer Insel fahren.

Aufgaben-Icon(s): © Verlag an der Ruhr; Indianer/Büffeljagd: © Norbert Höveler

© Verlag an der Ruhr | Autorinnen: Kistner/Thanuskody | ISBN 978-3-8346-3051-3 | www.verlagruhr.de

Die vier Zeiten (1/2)

✏️ **Übertrage die Sätze in die verschiedenen Zeitformen.**

Rote Wolke .... **(flechten) ihre Haare.**

Präsens	Rote Wolke flicht ihre Haare.
Futur	Rote Wolke wird ihre Haare flechten.
Präteritum	
Perfekt	

.... **(kochen) die Mutter Gemüse?**

Präsens	
Futur	
Präteritum	
Perfekt	

Wir .... **(essen) vor dem Tipi.**

Präsens	
Futur	
Präteritum	
Perfekt	

Alle .... **(sein) fröhlich.**

Präsens	
Futur	
Präteritum	
Perfekt	

© Verlag an der Ruhr | Autorinnen: Kistner/Thanuskody | ISBN 978-3-8346-3051-3 | www.verlagruhr.de

Die vier Zeiten (2/2)

✏️ **Übertrage die Sätze in die verschiedenen Zeitformen.**

Die Jungen .... *(spielen)* **mit Steinen.**

Präsens	Die Jungen spielen mit Steinen.
Futur	
Präteritum	
Perfekt	

.... *(sammeln)* **das Mädchen Beeren?**

Präsens	
Futur	
Präteritum	
Perfekt	

Ihr .... *(kommen)* **aber sehr spät.**

Präsens	
Futur	
Präteritum	
Perfekt	

Du .... *(helfen)* **beim Aufbau.**

Präsens	
Futur	
Präteritum	
Perfekt	

Aufgaben-Icon(s): © Verlag an der Ruhr

© Verlag an der Ruhr | Autorinnen: Kistner/Thanuskody | ISBN 978-3-8346-3051-3 | www.verlagruhr.de

Lückensätze (1/2)

 Fülle die Lücken mit den richtigen Verbformen aus.

Präsens

1. In der Morgensonne ....schimmert........ *(schimmern)* das Wasser.

2. Manchmal .... *(erzählen)* die Männer Jagdgeschichten.

3. .... *(machen)* wir ein Feuer?

4. Ihr .... *(sein)* dran, Teppiche zu knüpfen.

Präteritum

1. Im Sommer .... *(sitzen)* er lange draußen.

2. Letztens .... *(sein)* wir am See.

3. Gestern .... *(besuchen)* uns die Nachbarn.

4. Ich .... *(müssen)* dringend Pfeile schnitzen.

Perfekt

1. .... du einen Fisch .... *(fangen)*?

2. Es .... sehr dunkel .... *(sein)*.

3. Die Pferde .... blitzschnell .... *(galoppieren)*.

4. Da .... ihr aber Glück .... *(haben)*.

Futur

1. Bald .... ihr neue Vorräte .... *(sammeln)*.

2. .... Kleiner Wolf meine Spur .... *(finden)*?

3. .... du heute für uns .... *(tanzen)*?

4. Die Kinder .... aufgeregt .... *(sein)*.

© Verlag an der Ruhr | Autorinnen: Kistner/Thanuskody | ISBN 978-3-8346-3051-3 | www.verlagruhr.de

Lückensätze (2/2)

 Fülle die Lücken mit den richtigen Verbformen aus.

Präsens

1. Zum Nachtisch .... (geben) es Beeren.

2. .... (holen) mir frisches Wasser, Kinder!

3. .... (singen) wir am Feuer?

4. .... (kommen) sofort her, Rote Wolke!

Präteritum

1. Kleiner Wolf .... (fahren) mit dem Kanu.

2. .... (sein) die Jagd erfolgreich?

3. Wir .... (haben) kein Glück.

4. Danach .... (werfen) er Steine ins Wasser.

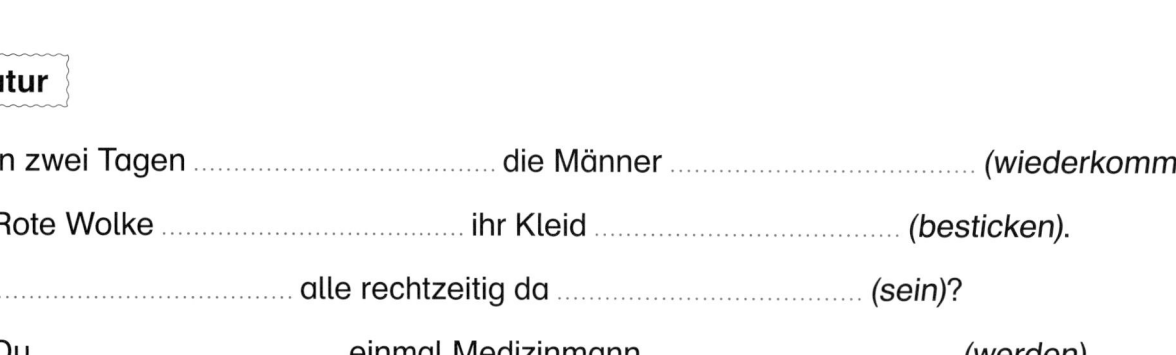

Perfekt

1. Es .... mir .... (gelingen).

2. Das Dorf .... eine Reise .... (unternehmen).

3. .... du Kleine Feder .... (fragen)?

4. .... ihr auf den Felsen .... (klettern)?

Futur

1. In zwei Tagen .... die Männer .... (wiederkommen).

2. Rote Wolke .... ihr Kleid .... (besticken).

3. .... alle rechtzeitig da .... (sein)?

4. Du .... einmal Medizinmann .... (werden).

Aufgaben-Icon(s): © Verlag an der Ruhr; Indianerin: © Norbert Höveler

© Verlag an der Ruhr | Autorinnen: Kistner/Thanuskody | ISBN 978-3-8346-3051-3 | www.verlagruhr.de

Lösungssatz

In welcher Zeitform steht der Satz?
Entscheide dich und kreise den entsprechenden Buchstaben ein.
Trage die Buchstaben der Reihe nach unten ein.
Wie lautet der Lösungssatz?

	Präsens	Präteritum	Perfekt	Futur
Rote Wolke hat sich verirrt.	W	R	E	O
Hol mir ein Messer!	S	K	L	M
Wird der Häuptling sehr böse werden?	A	Z	B	K
Gestern war uns sehr kalt.	G	O	E	I
Die Sonne brennt auf die Erde.	M	F	P	L
In der Prärie leben viele wilde Pferde.	M	J	C	H
Alle Pfeile sind aus dem Köcher gefallen.	S	Q	T	N
Letztens ist ein Tipi zusammengebrochen.	P	O	E	I
Hattet ihr schon etwas von der Suppe?	U	I	A	O
Vor zwei Tagen kam ein gefährlicher Sturm auf.	T	N	Z	K
Alles liegt kreuz und quer im Dorf.	H	L	Ö	W
Wir werden neue Felle brauchen.	I	S	U	A
Roter Pfeil suchte verzweifelt nach der Fährte.	F	R	G	H
Wird es wieder ein Wettschwimmen geben?	U	Z	P	T
Das Glück war auf der Seite der Jäger.	A	E	U	O
Hinter den Wolken geht die Sonne unter.	R	W	B	N
Die Kanus glitten leise über das Wasser.	M	W	N	L
In der Nacht schrie ein Uhu.	W	I	T	A
Seid ihr schon beim Medizinmann gewesen?	B	S	N	D
Das Gewitter brachte den ersehnten Regen.	F	T	G	H
Die Frauen werden die Männer vermissen.	J	K	O	E
Heute sagt Schwarzer Biber sein erstes Wort.	R	L	Y	X

Lösungssatz:

___ ___ ___ ___ ___   ___ ___ ___   ___ ___ ___ ___ ___ ___   ___ ___ ___ ___ .

Zeitformen

üben und festigen

© Verlag an der Ruhr | Autorinnen: Kistner/Thanuskody | ISBN 978-3-8346-3051-3 | www.verlagruhr.de

Verbformen

 Schreibe den Merkkasten in dein Heft.
Tipp: Singular = Einzahl, Plural = Mehrzahl

1. Person Singular:	ich	1. Person Plural: wir
2. Person Singular:	du	2. Person Plural: ihr
3. Person Singular:	er/sie/es	3. Person Plural: sie

Schreibe in der angegebenen Personal- und Zeitform in dein Heft.

Beispiel:

> 1. Person Singular
> Präteritum
> **schreiben**
> ⓐ

a) ich schrieb

3. Person Plural
Perfekt
spielen
ⓑ

1. Person Plural
Futur
verreisen
ⓒ

3. Person Singular
Perfekt
sein
ⓓ

1. Person Singular
Präteritum
rennen
ⓔ

2. Person Singular
Perfekt
haben
ⓕ

1. Person Plural
Präteritum
fahren
ⓖ

3. Person Singular
Perfekt
gießen
ⓗ

1. Person Singular
Präteritum
lesen
ⓘ

2. Person Singular
Futur
feiern
ⓙ

1. Person Plural
Präteritum
verschwinden
ⓚ

3. Person Singular
Präsens
essen
ⓛ

2. Person Plural
Perfekt
werden
ⓜ

Zeitformen
üben und festigen

44

Aufgaben-Icon(s), Schilder: © Verlag an der Ruhr

© Verlag an der Ruhr | Autorinnen: Kistner/Thanuskody | ISBN 978-3-8346-3051-3 | www.verlagruhr.de

Sätze bilden

 Die Wörter in den Tipis gehören zu einem Satz.
Bilde die Sätze in der angegebenen Zeitform.
Schreibe sie in dein Heft und unterstreiche die Verben.

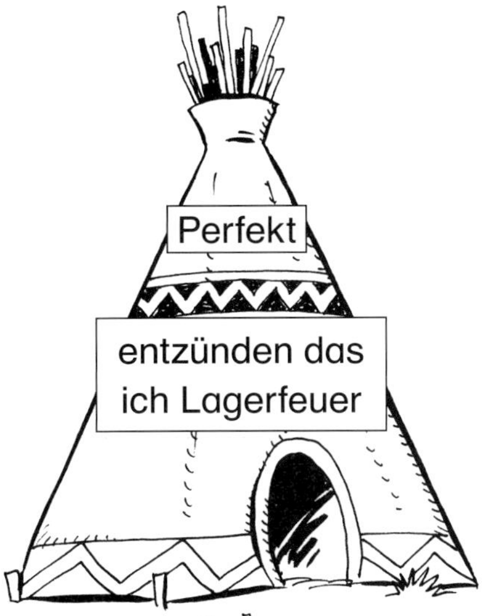

Perfekt

entzünden das
ich Lagerfeuer

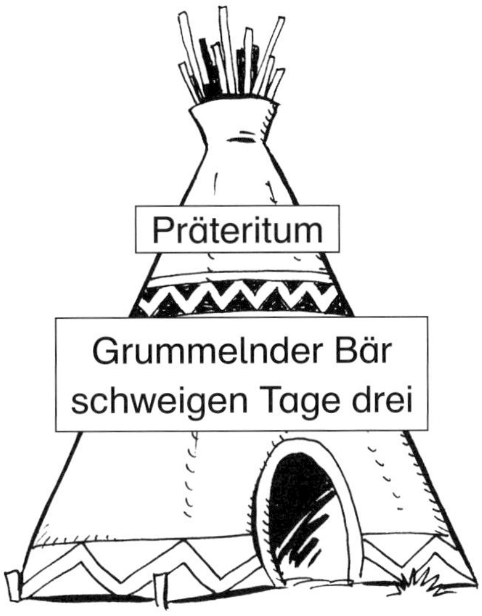

Präteritum

Grummelnder Bär
schweigen Tage drei

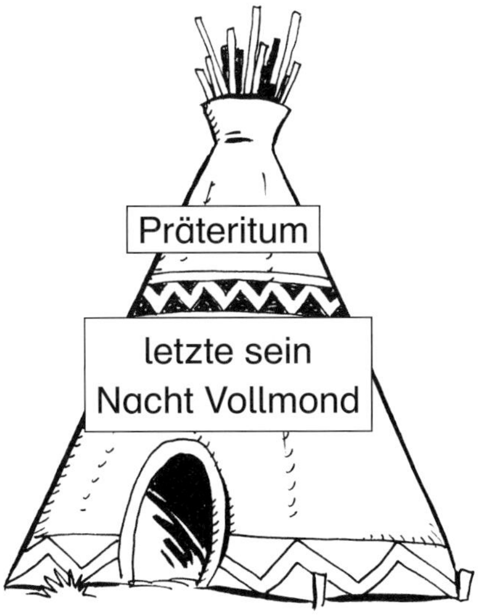

Präteritum

letzte sein
Nacht Vollmond

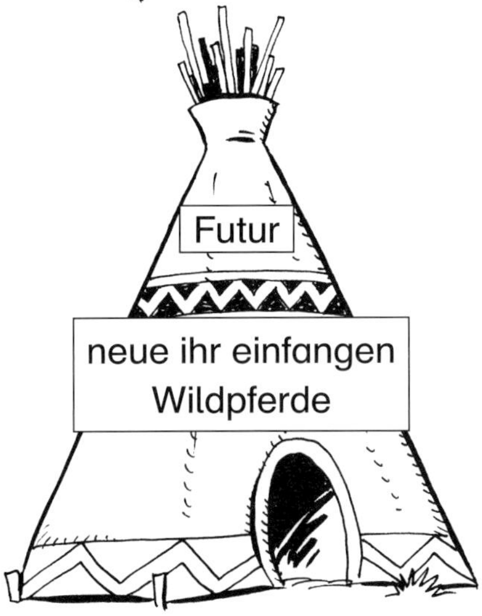

Futur

neue ihr einfangen
Wildpferde

Perfekt

ins vom springen
du Felsen Wasser

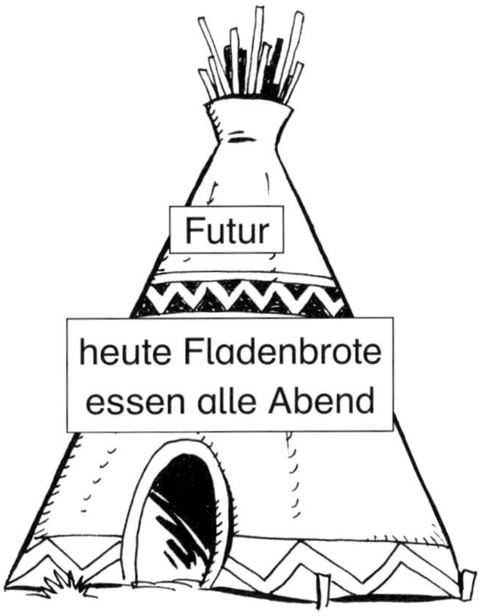

Präsens

die haben du
Haare längsten

Futur

heute Fladenbrote
essen alle Abend

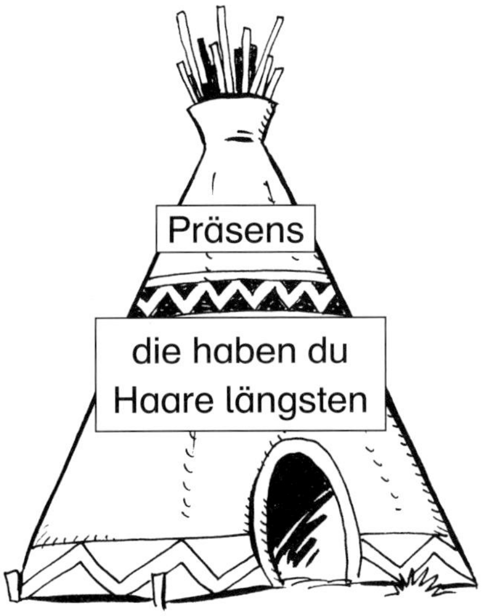

Aufgaben-Icon(s): © Verlag an der Ruhr; Tipizelte: © Norbert Höveler

Zeitformen

üben und festigen

© Verlag an der Ruhr | Autorinnen: Kistner/Thanuskody | ISBN 978-3-8346-3051-3 | www.verlagruhr.de

Zeiten-Mix! Spielanleitung

Du brauchst:

- 2 oder 3 Mitspieler
- 1 Würfel
- 1 Spielfigur pro Spieler
- Spielkarten (S. 47/48)
- Spielfeld (S. 49)

So geht's:

Legt alle Spielkarten verdeckt auf einen Stapel neben das Spielfeld.
Stellt eure Spielfiguren auf das Start-Feld. Der älteste Spieler beginnt.
Er würfelt und zieht die entsprechende Zahl auf dem Spielfeld vorwärts.
Er landet auf einem der drei verschiedenen Felder (Präteritum,
Perfekt oder Futur).
Sein linker Nachbar zieht nun eine Spielkarte und liest ihm den fett gedruckten
Satz im Präsens vor. Der Spieler muss nun diesen Satz in der Zeitform sagen,
die ihm das Feld vorgibt.

Beispiel: Du landest auf diesem Feld:

Futur

Dein linker Nachbar zieht diese Karte und liest den fett gedruckten
Satz vor: „Ich spiele mit meinem Freund."

Ich spiele mit meinem Freund.

Präteritum: Ich spielte mit meinem Freund.
Perfekt: Ich habe mit meinem Freund gespielt.
Futur: Ich werde mit meinem Freund spielen.

Du musst den Satz nun ins Futur setzen:
„Ich werde mit meinem Freund spielen."

Dein Nachbar kontrolliert mit der Karte. Hast du den Satz richtig gesagt,
darfst du auf dem Feld stehen bleiben und dein Nachbar ist dran mit Würfeln.
Hast du den Satz falsch gesagt, musst du zwei Felder zurückgehen.

Gewonnen hat, wer als Erster im Ziel ankommt.

© Verlag an der Ruhr | Autorinnen: Kistner/Thanuskody | ISBN 978-3-8346-3051-3 | www.verlagruhr.de

Zeiten-Mix! Spielkarten (1/2)

Ich lese die neuen Spuren.

Präteritum: Ich las die neuen Spuren.
Perfekt: Ich habe die neuen Spuren gelesen.
Futur: Ich werde die neuen Spuren lesen.

Du beobachtest den Adler.

Präteritum: Du beobachtetest den Adler.
Perfekt: Du hast den Adler beobachtet.
Futur: Du wirst den Adler beobachten.

Die Pferde bekommen Futter.

Präteritum: Die Pferde bekamen Futter.
Perfekt: Die Pferde haben Futter bekommen.
Futur: Die Pferde werden Futter bekommen.

Wir angeln Fische.

Präteritum: Wir angelten Fische.
Perfekt: Wir haben Fische geangelt.
Futur: Wir werden Fische angeln.

Die Schlange zischt giftig.

Präteritum: Die Schlange zischte giftig.
Perfekt: Die Schlange hat giftig gezischt.
Futur: Die Schlange wird giftig zischen.

Das Feuer knistert leise.

Präteritum: Das Feuer knisterte leise.
Perfekt: Das Feuer hat leise geknistert.
Futur: Das Feuer wird leise knistern.

Die Beeren sind köstlich.

Präteritum: Die Beeren waren köstlich.
Perfekt: Die Beeren sind köstlich gewesen.
Futur: Die Beeren werden köstlich sein.

Die Kojoten heulen hungrig.

Präteritum: Die Kojoten heulten hungrig.
Perfekt: Die Kojoten haben hungrig geheult.
Futur: Die Kojoten werden hungrig heulen.

Ihr besucht die Nachbarn.

Präteritum: Ihr besuchtet die Nachbarn.
Perfekt: Ihr habt die Nachbarn besucht.
Futur: Ihr werdet die Nachbarn besuchen.

Ich bemale mein Tipi.

Präteritum: Ich bemalte mein Tipi.
Perfekt: Ich habe mein Tipi bemalt.
Futur: Ich werde mein Tipi bemalen.

Du bestickst die Decke.

Präteritum: Du besticktest die Decke.
Perfekt: Du hast die Decke bestickt.
Futur: Du wirst die Decke besticken.

Wir mögen Fladenbrot.

Präteritum: Wir mochten Fladenbrot.
Perfekt: Wir haben Fladenbrot gemocht.
Futur: Wir werden Fladenbrot mögen.

Zeitformen
üben und festigen

© Verlag an der Ruhr | Autorinnen: Kistner/Thanuskody | ISBN 978-3-8346-3051-3 | www.verlagruhr.de

47

Der Pfeil trifft das Ziel.

Präteritum: Der Pfeil traf das Ziel.
Perfekt: Der Pfeil hat das Ziel getroffen.
Futur: Der Pfeil wird das Ziel treffen.

Wir hüpfen ins Zelt.

Präteritum: Wir hüpften ins Zelt.
Perfekt: Wir sind ins Zelt gehüpft.
Futur: Wir werden ins Zelt hüpfen.

Du hast viele Gäste.

Präteritum: Du hattest viele Gäste.
Perfekt: Du hast viele Gäste gehabt.
Futur: Du wirst viele Gäste haben.

Er erspäht die Herde.

Präteritum: Er erspähte die Herde.
Perfekt: Er hat die Herde erspäht.
Futur: Er wird die Herde erspähen.

Der Kaktus sticht dich.

Präteritum: Der Kaktus stach dich.
Perfekt: Der Kaktus hat dich gestochen.
Futur: Der Kaktus wird dich stechen.

Die Sonne geht unter.

Präteritum: Die Sonne ging unter.
Perfekt: Die Sonne ist untergegangen.
Futur: Die Sonne wird untergehen.

Sie fahren Kanu.

Präteritum: Sie fuhren Kanu.
Perfekt: Sie sind Kanu gefahren.
Futur: Sie werden Kanu fahren.

Der Vogel singt auf dem Ast.

Präteritum: Der Vogel sang auf dem Ast.
Perfekt: Der Vogel hat auf dem Ast gesungen.
Futur: Der Vogel wird auf dem Ast singen.

Ihr sammelt Holz.

Präteritum: Ihr sammeltet Holz.
Perfekt: Ihr habt Holz gesammelt.
Futur: Ihr werdet Holz sammeln.

Wir rennen um die Wette.

Präteritum: Wir rannten um die Wette.
Perfekt: Wir sind um die Wetter gerannt.
Futur: Wir werden um die Wette rennen.

Das Wetter ist schön.

Präteritum: Das Wetter war schön.
Perfekt: Das Wetter ist schön gewesen.
Futur: Das Wetter wird schön sein.

Die Kette wird wundervoll.

Präteritum: Die Kette wurde wundervoll.
Perfekt: Die Kette ist wundervoll geworden.
Futur: Die Kette wird wundervoll werden.

© Verlag an der Ruhr | Autorinnen: Kistner/Thanuskody | ISBN 978-3-8346-3051-3 | www.verlagruhr.de

Zeiten-Mix! Spielfeld

Futur

Präteritum

Futur

Perfekt

Perfekt

Präteritum

Perfekt

Futur

Präteritum

Futur

Präteritum

Präteritum

Ziel

Futur

Perfekt

Futur

Start

Präteritum

Perfekt

Futur

Präteritum

Perfekt

Perfekt

Futur

Präteritum

Präteritum

Futur

Perfekt

Zeitformen

üben und festigen

© Verlag an der Ruhr | Autorinnen: Kistner / Thanuskody | ISBN 978-3-8346-3051-3 | www.verlagruhr.de

Schnapp zu! Spielanleitung

Du brauchst:

- 2 oder 3 Mitspieler
- Kakteen-Karten (S. 51/52)
- Tipi-Karten (S. 53/54)

So geht's:

Suche dir zwei oder drei Mitspieler.

Legt die Karten mit den Tipis mit der Schrift nach oben vor euch aus.

Die Kakteen-Karten legt ihr verdeckt auf einen Stapel. Der jüngste Spieler beginnt, zieht eine Kakteen-Karte und liest zum Beispiel vor:

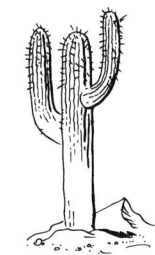

1. Person Singular von **sein** im **Perfekt**

Alle suchen nun die passende Tipi-Karte:

ich bin gewesen

Wer sie entdeckt, schnappt sie sich und darf sie behalten.

Nun ist der nächste Spieler an der Reihe und zieht eine Kakteen-Karte.

Gewonnen hat, wer am Ende die meisten Tipi-Karten hat.

Tipizelte, Kaktus: © Norbert Höveler

© Verlag an der Ruhr | Autorinnen: Kistner/Thanuskody | ISBN 978-3-8346-3051-3 | www.verlagruhr.de

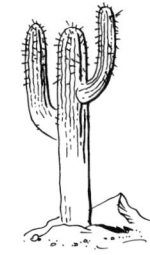

1. Person Singular
von **sein**
im **Perfekt**

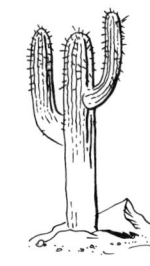

1. Person Singular
von **sein**
im **Präsens**

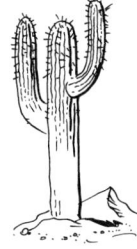

1. Person Singular
von **sein**
im **Präteritum**

1. Person Singular
von **sein**
im **Futur**

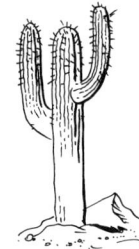

2. Person Singular
von **sein**
im **Perfekt**

2. Person Singular
von **sein**
im **Präsens**

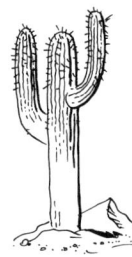

2. Person Singular
von **sein**
im **Präteritum**

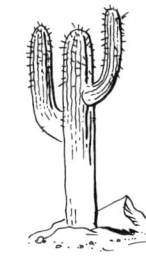

2. Person Singular
von **sein**
im **Futur**

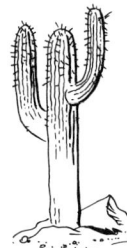

3. Person Singular
von **sein**
im **Perfekt**

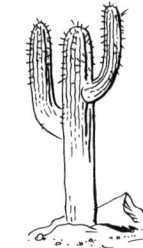

3. Person Singular
von **sein**
im **Präsens**

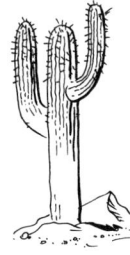

3. Person Singular
von **sein**
im **Präteritum**

3. Person Singular
von **sein**
im **Futur**

Zeitformen
üben und festigen

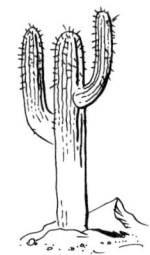

**1. Person Plural
von sein
im Perfekt**

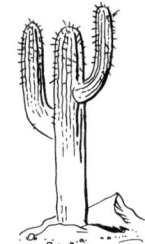

**1. Person Plural
von sein
im Präsens**

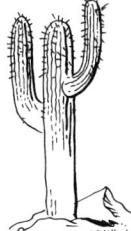

**1. Person Plural
von sein
im Präteritum**

**1. Person Plural
von sein
im Futur**

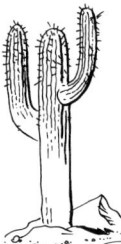

**2. Person Plural
von sein
im Perfekt**

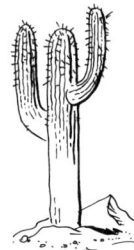

**2. Person Plural
von sein
im Präsens**

**2. Person Plural
von sein
im Präteritum**

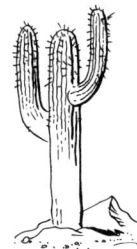

**2. Person Plural
von sein
im Futur**

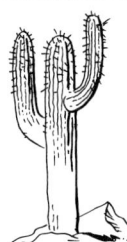

**3. Person Plural
von sein
im Perfekt**

**3. Person Plural
von sein
im Präsens**

**3. Person Plural
von sein
im Präteritum**

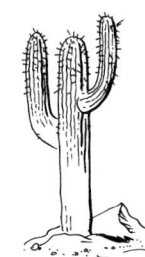

**3. Person Plural
von sein
im Futur**

Abb.: © Norbert Höveler

Zeitformen
üben und festigen

© Verlag an der Ruhr | Autorinnen: Kistner/Thanuskody | ISBN 978-3-8346-3051-3 | www.verlagruhr.de

Schnapp zu! Tipi-Karten (1/2)

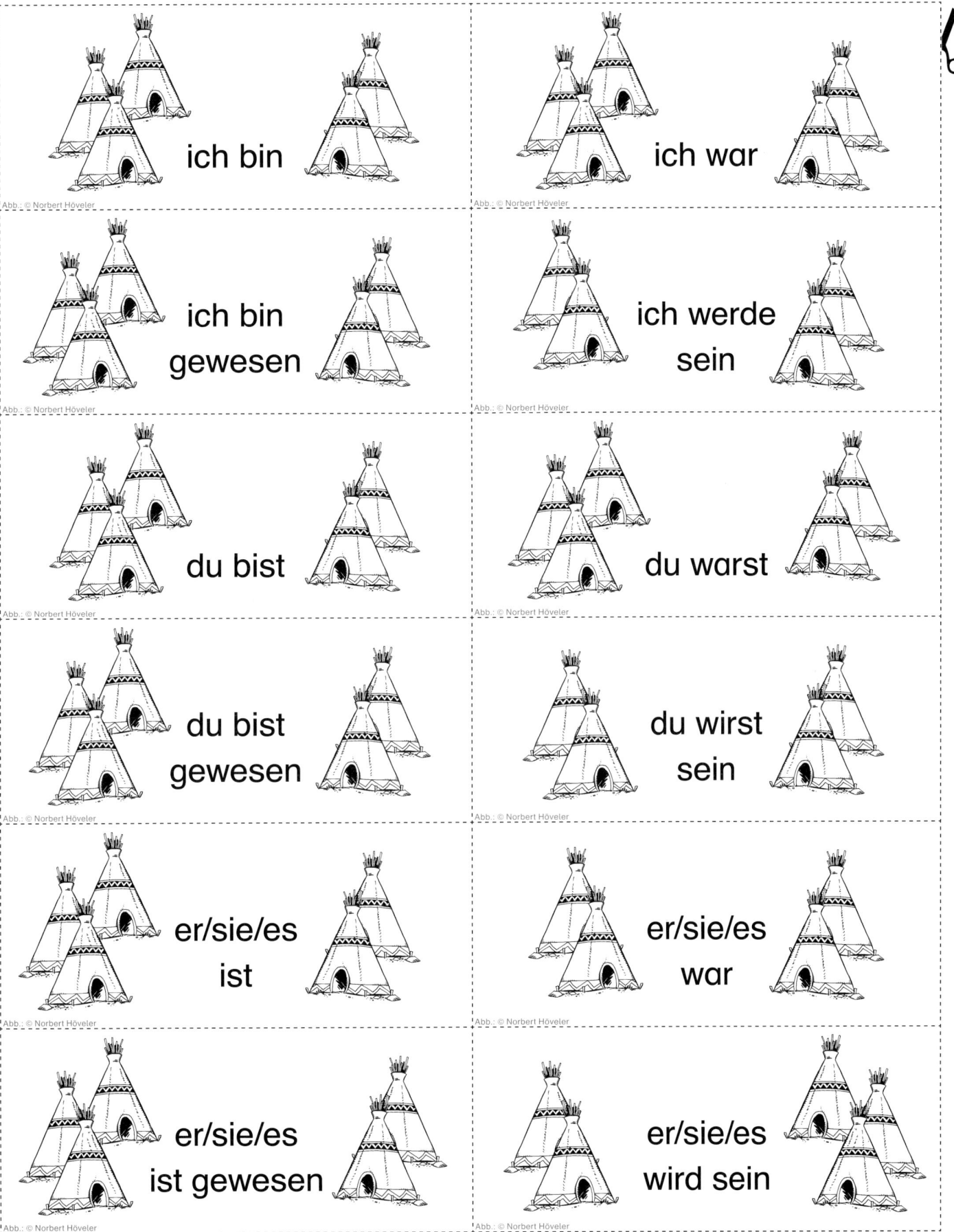

ich bin

ich war

ich bin gewesen

ich werde sein

du bist

du warst

du bist gewesen

du wirst sein

er/sie/es ist

er/sie/es war

er/sie/es ist gewesen

er/sie/es wird sein

Zeitformen

Schnapp zu! Tipi-Karten (2/2)

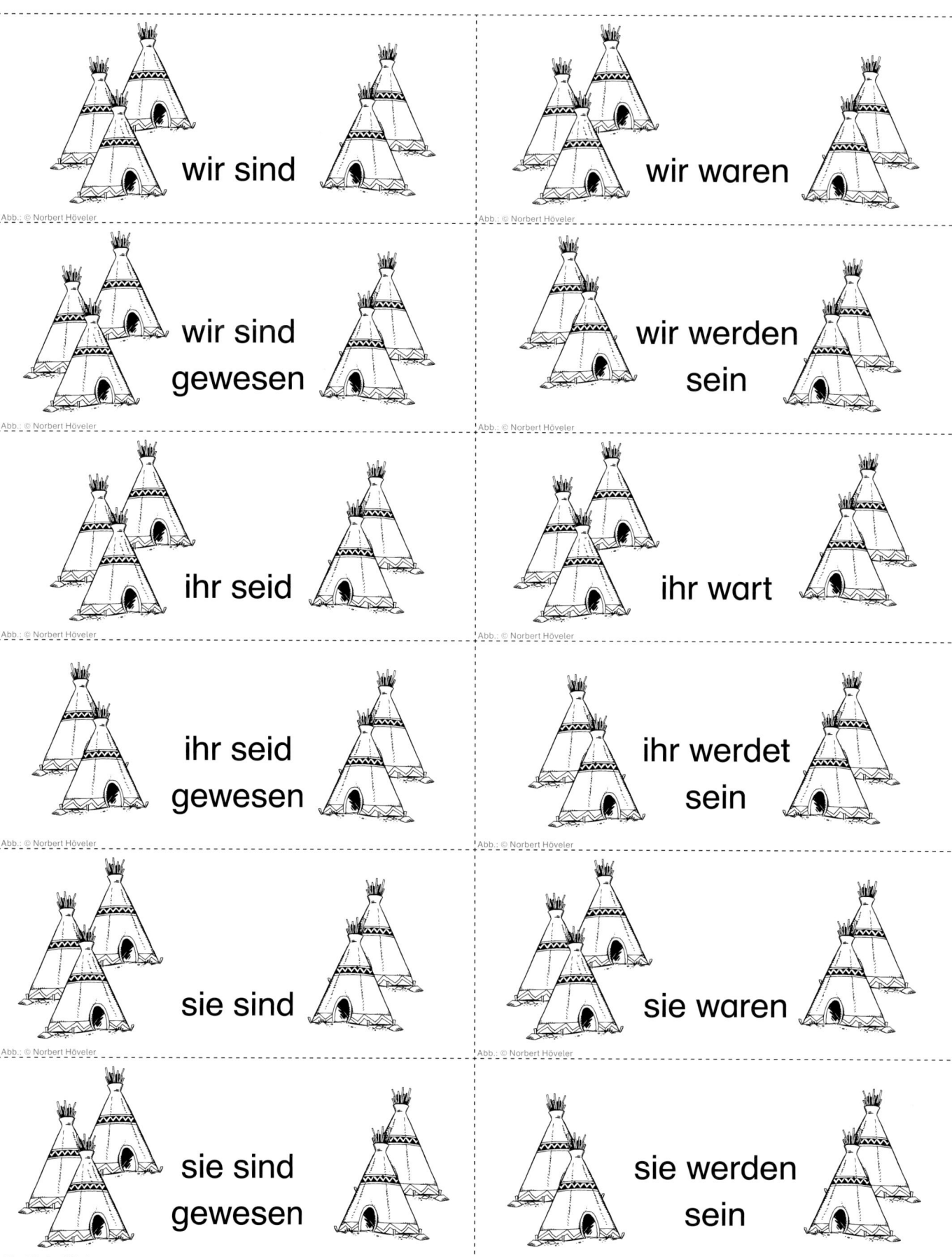

wir sind

wir waren

wir sind gewesen

wir werden sein

ihr seid

ihr wart

ihr seid gewesen

ihr werdet sein

sie sind

sie waren

sie sind gewesen

sie werden sein

Abb.: © Norbert Höveler

© Verlag an der Ruhr | Autorinnen: Kistner/Thanuskody | ISBN 978-3-8346-3051-3 | www.verlagruhr.de

LÖSUNGEN

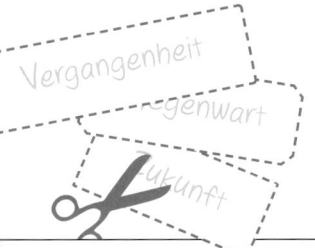

Lösungen

Verben zuordnen

Präteritum

📝 **Lies den Text.**
Die unterstrichenen Verben stehen im Präteritum (1. Vergangenheit).

📝 **Schreibe die Verben zu den passenden Infinitiven (Grundformen).**

Vor vielen Jahren lebte in Nordamerika das Indianervolk der Arapaho.

Sie zogen durch die Prärie. In diesen Graslandschaften folgte der Stamm den großen Bisonherden. Diese Tiere jagten sie. Das Fleisch aßen sie und aus den Häuten machten die Frauen Kleider und ihre Tipis. Auch die Knochen und Hörner verarbeiteten sie, zum Beispiel zu Waffen oder Schmuck. Außerdem sammelten die Frauen Holz, Beeren, Nüsse und Heilpflanzen. Zu diesem Stamm gehörten auch Kleiner Wolf und seine beste Freundin Rote Wolke. Kleiner Wolf war der Sohn des Häuptlings Großer Bär und wohnte im größten Zelt des Stammes. Das Zelt von Roter Wolke und ihrer Familie stand ganz in der Nähe des großen Zeltes. So trafen sie sich oft direkt nach dem Aufstehen und schmiedeten Pläne für den Tag.

Infinitiv	Präteritum
wohnen	wohnte
verarbeiten	verarbeiteten
leben	lebte
schmieden	schmiedeten
folgen	folgte
jagen	jagten
sein	war

Infinitiv	Präteritum
treffen	trafen
machen	machten
sammeln	sammelten
gehören	gehörten
ziehen	zogen
essen	aßen
stehen	stand

Zeitformen · üben und festigen

© Verlag an der Ruhr I Autorinnen: Kistner/Thonuskody I ISBN 978-3-8346-3051-3 I www.verlagruhr.de · Aufgaben-Icons: © Verlag an der Ruhr, Tipzett: © Norbert Höveler

---

Verben finden

Präteritum

📝 **Lies den Text.**

📝 **Unterstreiche alle Verben. Sie stehen im Präteritum.**
Tipp: Du findest die Verben durch die Fragen „Was tat …?" oder „Was taten …?".

📝 **Schreibe die Verben zu den passenden Infinitiven.**

An einem besonders heißen Sonnentag gingen Kleiner Wolf und Rote Wolke an den Fluss. Dort sprangen sie mit großer Freude von einem hohen Felsen ins Wasser. Das Wasser spritzte in alle Richtungen. Begeistert quietschten die Kinder über die Abkühlung. Sie tunkten sich gegenseitig unter Wasser. Plötzlich spürte Rote Wolke einen Stich in ihrem rechten Bein. Schnell rannte sie Richtung Ufer. In diesem Moment sah Kleiner Wolf die Schlange. Er raste Roter Wolke hinterher und half ihr an Land. Rote Wolke zitterte schon. Das Gift der Schlange wirkte schnell. Eilig untersuchte Kleiner Wolf ihre Beine. Als er den Biss endlich entdeckte, saugte er rasch an der Wunde und spuckte das Gift auf den Boden. Rote Wolke erholte sich sofort. Erleichtert liefen die Kinder ins Dorf.

entdecken	entdeckte
springen	sprangen
quietschen	quietschten
wirken	wirkte
erholen	erholte
rennen	rannte
tunken	tunkten
sehen	sah
helfen	half

spritzen	spritzte
zittern	zitterte
rasen	raste
untersuchen	untersuchte
saugen	saugte
gehen	gingen
spüren	spürte
spucken	spuckte
laufen	liefen

Zeitformen · üben und festigen

© Verlag an der Ruhr I Autorinnen: Kistner/Thonuskody I ISBN 978-3-8346-3051-3 I www.verlagruhr.de · Aufgaben-Icons: © Verlag an der Ruhr, Schlange: © Norbert Höveler

---

Lösungen

Das Verb „sein"

Präteritum

Das Verb „sein" musst du dir besonders gut merken.
Du findest es durch die Fragen „Was tat …?" oder „Was taten …?" nicht heraus.
Auch sind die Personalformen des **unregelmäßigen Verbs** unterschiedlich.

Schreibe die Tabelle in dein Heft und lerne sie auswendig.

sein	
Präsens	**Präteritum**
ich bin	ich war
du bist	du warst
er/sie/es ist	er/sie/es war
wir sind	wir waren
ihr seid	ihr wart
sie sind	sie waren

Die folgenden Sätze stehen alle im Präsens.

Unterstreiche alle Verben.

Schreibe die Sätze im Präteritum in dein Heft und unterstreiche auch hier alle Verben.

Ich bin direkt neben dir. → Ich war direkt neben dir.

Sie sind an der wärmenden Feuerstelle. → Sie waren an der wärmenden Feuerstelle.

Du bist als Erster am Fluss. → Du warst als Erster am Fluss.

Ihr seid in der Unterzahl. → Ihr wart in der Unterzahl.

Am Morgen ist er besonders durstig. → Am Morgen war er besonders durstig.

Nach der Jagd sind wir müde. → Nach der Jagd waren wir müde.

Hinter meinem Tipi ist der Pferdestall. → Hinter meinem Tipi war der Pferdestall.

Seid ihr beim Wasserloch? → Wart ihr beim Wasserloch?

Aufgaben-Icon(s): © Verlag an der Ruhr | Lagerfeuer: © Norbert Höveler

© Verlag an der Ruhr | Autorinnen: Kistner/Thanuskody | ISBN 978-3-8346-3051-3 | www.verlagruhr.de

Die Verben „haben" und „werden"

Präteritum

Die Verben „haben" und „werden" musst du dir besonders gut merken.
Du findest sie durch die Fragen „Was tat …?" oder „Was taten …?" nicht heraus.
Es sind **unregelmäßige Verben.**

Schreibe die Tabellen in dein Heft und lerne sie auswendig.

haben	
Präsens	**Präteritum**
ich habe	ich hatte
du hast	du hattest
er/sie/es hat	er/sie/es hatte
wir haben	wir hatten
ihr habt	ihr hattet
sie haben	sie hatten

werden	
Präsens	**Präteritum**
ich werde	ich wurde
du wirst	du wurdest
er/sie/es wird	er/sie/es wurde
wir werden	wir wurden
ihr werdet	ihr wurdet
sie werden	sie wurden

Fülle den Lückentext im Präteritum aus.

Schon viele Tage _jagten_ (jagen) die Männer des Stammes Bisons.

Ihre Frauen _hatten_ (haben) große Angst um sie.

Eines Abends _entdeckten_ (entdecken) einige Kinder am Horizont

die heimkehrenden Jäger. Im Dorf angekommen, _hatten_ (haben)

die Männer erst einmal großen Hunger und Durst. Sofort _versorgten_ (versorgen) auch die Männer.

sich die Frauen um die erlegte Beute und _kümmerten_ (kümmern)

Nach dem Essen _wurde_ (werden) der Häuptling müde und _verschwand_ (verschwinden) in seinem Zelt.

Einige andere Männer _hatten_ (haben) noch genug Kraft und _erzählten_ (erzählen) von der Jagd. Besonders Rauchender Schädel _hatte_ (haben)

die Aufmerksamkeit der Kinder, denn sie _hatten_ (haben) ihn besonders gern.

Als es Nacht _wurde_ (werden), _mussten_ (müssen) die Kinder ins Bett.

Aufgaben-Icon(s): © Verlag an der Ruhr

© Verlag an der Ruhr | Autorinnen: Kistner/Thanuskody | ISBN 978-3-8346-3051-3 | www.verlagruhr.de

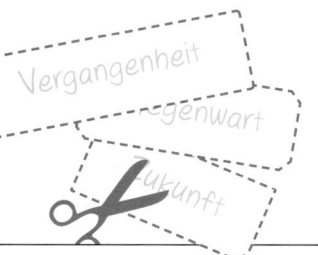

Lösungen

Die Verben „haben", „sein", „werden"

Präteritum

Die Verben „haben", „sein" und „werden" musst du dir besonders gut merken.
Du findest sie *nicht* durch die Fragen „Was tat …?" oder „Was taten…?" heraus.

- **Beuge die Verben „haben", „sein" und „werden" im Präteritum.**
- **Schreibe sie in dein Heft. Schreibe so:**

haben: ich hatte
du hattest
er/sie/es …

Die folgenden Sätze stehen alle im Präsens.

- **Unterstreiche alle Verben.**
- **Schreibe die Sätze im Präteritum in dein Heft und unterstreiche auch hier alle Verben.**

Ich habe ein neues Pferd. → Ich hatte ein neues Pferd.
Kleiner Wolf ist sehr aufgeregt. → Kleiner Wolf war sehr aufgeregt.
Das Dorf wird immer größer. → Das Dorf wurde immer größer.
Hast du ausreichend Pfeile? → Hattest du ausreichend Pfeile?
Ihr habt viele Wildpferde. → Ihr hattet viele Wildpferde.
Wir sind am Lagerfeuer. → Wir waren am Lagerfeuer.
Die Kinder werden hungrig. → Die Kinder wurden hungrig.
Die Männer haben eine erfolgreiche Jagd. → Die Männer hatten eine erfolgreiche Jagd.
Du bist zu tief im Wasser. → Du warst zu tief im Wasser.
Seid ihr glücklich? → Wart ihr glücklich?
Von der letzten Jagd bin ich sehr enttäuscht. → Von der letzten Jagd war ich sehr enttäuscht.

© Verlag an der Ruhr | Autorinnen: Kistner/Thonuskody | ISBN 978-3-8346-3051-3 | www.verlagruhr.de

---

Verben eintragen (1/2)

Präteritum

- **Unterstreiche alle Verben.**
- **Schreibe die Verben mit dem Infinitiv in die Tabelle. Verben, die doppelt vorkommen, musst du nur einmal eintragen.**

Morgens erwachte ich voller Aufregung. Es war ein ganz besonderer Tag für mich. Sofort sprang ich aus dem Bett. Ich aß mein Frühstück so schnell ich konnte. Dann starteten wir endlich. Rote Wolke wartete schon am Ende des Dorfes auf meinen Vater und mich. So schwangen wir uns vor dem Sonnenaufgang auf die Pferde. Noch saß ich hinter meinem Vater auf seinem Pferd. Rote Wolke hatte bereits ihr eigenes Pferd. Eilig ritten wir in die weite Prärie. Bald schon entdeckten wir eine große Herde wilder Pferde. Mein Vater und Rote Wolke preschten zwischen sie. Dann fing ich mit meinem Lasso einen schwarzen Hengst. Er wurde ganz wild und kämpfte gegen das Seil. Aber ich war stark genug und der Hengst ermüdete langsam. Ich taufte ihn auf den Namen „Wildfang".

Präteritum	Infinitiv	regelmäßiges Verb	unregelmäßiges Verb
erwachte	erwachen	x	
war	sein		x
sprang	springen		x
aß	essen		x
konnte	können		x
starteten	starten	x	
wartete	warten	x	
schwangen	schwingen		x
saß	sitzen		x

Präteritum	Infinitiv	regelmäßiges Verb	unregelmäßiges Verb
hatte	haben		x
ritten	reiten		x
entdeckten	entdecken	x	
preschten	preschen	x	
fing	fangen		x
wurde	werden		x
kämpfte	kämpfen	x	
ermüdete	ermüden	x	
taufte	taufen	x	

Aufgaben-Icon(s): © Verlag an der Ruhr   © Verlag an der Ruhr | Autorinnen: Kistner/Thonuskody | ISBN 978-3-8346-3051-3 | www.verlagruhr.de

Lösungen

Präteritum — Präsens und Präteritum trennen (1/2)

Hier sind zwei Texte ineinandergeraten!
Ein Text steht im Präsens, der andere Text im Präteritum.

- Lies dir das Durcheinander durch.
- Unterstreiche die Verben im Präsens gelb.
- Unterstreiche die Verben im Präteritum grün.
- Schneide die Textstreifen aus.
- Sortiere die Textstreifen und lege die zwei Texte zusammen.
- Klebe den Präsens-Text und dann den Präteritum-Text ins Heft.

Präsens (——)
Präteritum (⌇)

Männer beteiligen sich nie an der

Hausarbeit, das ist Frauensache. Die Frauen kochen Essen, suchen

Holz und backen Brot. Das Aufstellen und Abbauen der Tipis ist eine weitere

Aufgabe der Frauen. Außerdem gerben sie die Büffelhäute und machen daraus Kleidung.

Kurz nach der Geburt erhielt das Neugeborene einen Namen.
Es gab unterschiedliche Gründe

für eine Namensgebung. Zum Beispiel war an dem Tag ein besonderes Ereignis,

wie ein großes Feuer. Oder man benannte das Kind nach einem Tier oder

einer Pflanze. Dann gab es noch folgende Möglichkeit:
Das Kind bekam einen Namen passend

zu einer körperlichen Eigenschaft. Im Laufe eines Indianerlebens wechselte

der Name ein- oder mehrmals.
Er gab Auskunft über die Tapferkeit und persönlichen Fähigkeiten.

Aufgaben-Icon(s): © Verlag an der Ruhr

© Verlag an der Ruhr | Autorinnen: Kistner / Thanuskody | ISBN 978-3-8346-3051-3 | www.verlagruhr.de

---

Präteritum — Verben eintragen (2/2)

- Unterstreiche alle Verben.
- Schreibe die Verben mit dem Infinitiv in die Tabelle.

Eines Morgens schlichen Kleiner Wolf und Rote Wolke zum Dorfausgang.
Die beiden Indianerkinder tapsten in Richtung Fluss. Dort lag ihr neues Kanu
im Schilf. Es wartete auf seine erste Fahrt. Rote Wolke setzte sich und
Kleiner Wolf schob das Kanu mit voller Kraft ins Wasser. Sofort erfasste
die Strömung das Boot. Kleiner Wolf juchzte laut. Rote Wolke dagegen
machte sich Sorgen. Ein Stück weiter waren Stromschnellen im Wasser.
Schon erreichten sie die gefährliche Stelle. Das Kanu ruckelte und knallte
gegen einen Felsen. Die Kinder purzelten kopfüber ins Wasser.
Prustend schleppten die Kinder sich an Land. Das Kanu verschwand
im Wasserfall und stürzte in die Tiefe. Klatschnass liefen die beiden ins Dorf.

Präteritum	Infinitiv		regelmäßiges Verb	unregelmäßiges Verb
schlichen	schleichen			x
tapsten	tapsen		x	
lag	liegen			x
wartete	warten		x	
setzte	setzen		x	
schob	schieben			x
erfasste	erfassen		x	
juchzte	juchzen		x	
machte	machen		x	

Präteritum	Infinitiv		regelmäßiges Verb	unregelmäßiges Verb
waren	sein			x
erreichten	erreichen		x	
ruckelte	ruckeln		x	
knallte	knallen		x	
purzelten	purzeln		x	
schleppten	schleppen		x	
verschwand	verschwinden			x
stürzte	stürzen		x	
liefen	laufen			x

Aufgaben-Icon(s): © Verlag an der Ruhr

© Verlag an der Ruhr | Autorinnen: Kistner / Thanuskody | ISBN 978-3-8346-3051-3 | www.verlagruhr.de

---

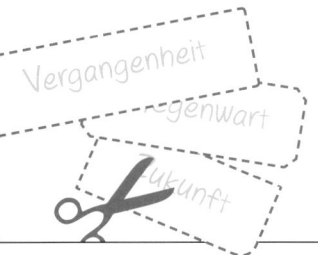

Lösungen

Präteritum — Unregelmäßige Verben

Schneide die einzelnen Teile an den gestrichelten Linien aus.

Finde zum Infinitiv die passende Personalform und lege das Domino. Beginne mit **Start**.

Klebe das Domino auf ein leeres Blatt.

Nr.	Präteritum	Nr.	Infinitiv
1	**Start**	2	sprechen
3	er sprach	4	beginnen
5	wir begannen	6	denken
7	du dachtest	8	finden
9	ihr fandet	10	essen
11	sie aßen	12	geben
13	ich gab	14	gehen
15	ich ging	16	helfen
17	wir halfen	18	können
19	ihr konntet	20	rennen
21	er rannte	22	schwimmen
23	ihr schwammt	24	mögen
25	sie mochten	26	raten
27	er riet	28	reiben
29	du riebst	30	tragen
31	sie trug	32	wissen
33	du wusstest	34	tun
35	er tat	36	sitzen
37	wir saßen	38	lesen
39	ihr last	40	fließen
41	es floss	42	dürfen
43	wir durften	44	reiten
45	sie ritten	46	schlagen
47	du schlugst	48	trinken
49	ich trank	50	springen
51	sie sprangen	52	sehen
53	wir sahen	54	gefallen
55	es gefiel	56	singen
57	du sangst	58	vergessen
59	er vergaß	60	**Ende**

Aufgaben-Icon(s): © Verlag on der Ruhr

© Verlag an der Ruhr | Autorinnen: Kistner/Thonuskody | ISBN 978-3-8346-3051-3 | www.verlagruhr.de

---

Präteritum — Präsens und Präteritum trennen (2/2)

Hier sind zwei Texte ineinandergeraten!
Ein Text steht im Präsens, der andere Text im Präteritum.

Lies dir das Durcheinander durch.

Unterstreiche die Sätze im Präsens gelb.

Unterstreiche die Sätze im Präteritum grün.

Schreibe zuerst alle Sätze ins Heft, die im Präsens stehen.

Schreibe dann alle Sätze ab, die im Präteritum stehen.

Präsens (———)
Präteritum (~~~)

Am Tag vor dem großen Fest kochten die Frauen pausenlos.
Endlich ist es so weit. Die Indianer des Nachbardorfes tauchen
am Horizont auf. Überall duftete es nach Büffelfleisch,
Broten und vielen anderen köstlichen Dingen.
Manche Frauen überprüften die Kostüme
oder nähten sie neu. Sie sind heute die Gäste.
So entstanden für die Tänze prachtvolle
Kleidungsstücke. Alle begrüßen sich
mit großem Respekt und nehmen an der
Feuerstelle Platz. Die Kinder räumten das Dorf
auf und sammelten Blumen, damit alles schön
aussah für das Fest. Die Frauen reichen das Essen herum und die Musikanten
spielen Musik. Nach dem köstlichen Mahl beginnen die Tänze. Einige Männer
übten in dieser Zeit die Tänze und musizierten miteinander. Die Vorfreude
auf das große Fest war überall riesengroß. Wie in Trance wiegen sich
die Indianer zur Musik. Zum Abschluss teilen sich die Männer noch
eine Friedenspfeife.

Aufgaben-Icon(s): © Verlag on der Ruhr | Autorinnen: Kistner/Thonuskody | © Verlag an der Ruhr: Indianerrunde/Lagerfeuer © Norbert Höveler

© Verlag an der Ruhr | Autorinnen: Kistner/Thonuskody | ISBN 978-3-8346-3051-3 | www.verlagruhr.de

Lösungen

Präteritum

Sätze bilden (1/2)

Bilde aus den Wörtern sinnvolle Sätze.
Achtung, die Verben stehen im Infinitiv! Verändere sie.
Schreibe die Sätze im Präsens und Präteritum auf.

1) besonders wichtig – sein – den Indianern – ihre Haare

Präsens: Den Indianern sind ihre Haare besonders wichtig.

Präteritum: Den Indianern waren ihre Haare besonders wichtig.

2) die schwarze Pracht – pflegen – täglich – sie

Präsens: Die schwarze Pracht pflegen sie täglich.

Präteritum: Die schwarze Pracht pflegten sie täglich.

3) die Männer – die Haare – ihren Frauen – kämmen

Präsens: Die Männer kämmen ihren Frauen die Haare.

Präteritum: Die Männer kämmten ihren Frauen die Haare.

4) eine Frau – zwei Zöpfe – tragen – meist

Präsens: Meist trägt eine Frau zwei Zöpfe.

Präteritum: Meist trug eine Frau zwei Zöpfe.

5) haben – im Haar – die Männer – oft Federn

Präsens: Im Haar haben die Männer oft Federn.

Präteritum: Im Haar hatten die Männer oft Federn.

6) der Kopfschmuck – bei Festen – sehr prunkvoll – sein

Präsens: Der Kopfschmuck ist bei Festen sehr prunkvoll.

Präteritum: Der Kopfschmuck war bei Festen sehr prunkvoll.

© Verlag an der Ruhr | Autorinnen: Kistner / Thanuskody | ISBN 978-3-8346-3051-3 | www.verlagruhr.de

Aufgaben-Icon(s): © Verlag an der Ruhr: Indianer: © Norbert Höveler

---

Präteritum

Sätze bilden (2/2)

Bilde aus den Wörtern sinnvolle Sätze.
Achtung, die Verben stehen im Infinitiv. Verändere sie.
Schreibe die Sätze im Präsens und Präteritum auf.

1) sein – Geschichten – bei den Indianern – beliebt

Präsens: Geschichten sind bei den Indianern beliebt.

Präteritum: Geschichten waren bei den Indianern beliebt.

2) die Geschichten – sie – erzählen – am Lagerfeuer – oft

Präsens: Oft erzählen sie die Geschichten am Lagerfeuer.

Präteritum: Oft erzählten sie die Geschichten am Lagerfeuer.

3) auf Büffelhaut – man – malen – Bilder

Präsens: Auf Büffelhaut malt man Bilder.

Präteritum: Auf Büffelhaut malte man Bilder.

4) passen – diese Bilder – zu den Geschichten

Präsens: Diese Bilder passen zu den Geschichten.

Präteritum: Diese Bilder passten zu den Geschichten.

5) vom Leben der Indianer – berichten – die Geschichten

Präsens: Die Geschichten berichten vom Leben der Indianer.

Präteritum: Die Geschichten berichteten vom Leben der Indianer.

6) so – sie – keine Erlebnisse – vergessen

Präsens: So vergessen sie keine Erlebnisse.

Präteritum: So vergaßen sie keine Erlebnisse.

© Verlag an der Ruhr | Autorinnen: Kistner / Thanuskody | ISBN 978-3-8346-3051-3 | www.verlagruhr.de

---

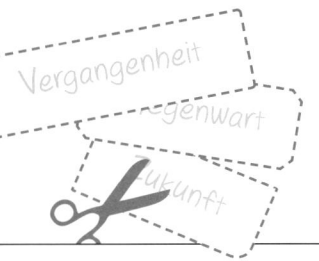

Lösungen

Präteritum

Einen Text umschreiben (1/4)

- **Der Text steht im Präsens. Die Verben sind unterstrichen.**
- **Schreibe jeweils das Verb im Präteritum darüber.**

war
Es ist ein besonders langweiliger Morgen. Die Männer sind auf der Jagd und
                    waren

nähten   passierte
die Frauen nähen neue Kleider. Ansonsten passiert nichts. Kleiner Wolf und

spielten
Rote Wolke spielen schon seit Stunden mit ihren Freunden Ball.

                    wurde
Doch langsam, aber sicher wird ihnen auch das langweilig. Die beiden Kinder

nickten verschwanden   sprangen
nicken und verschwinden zu den Pferdekoppeln. Sie springen auf ihre Pferde

ritten   stoppten   tränkten
und reiten in die Prärie. Am Fluss stoppen sie und tränken die Pferde.

hatte
Kleiner Wolf hat eine tolle Idee: ein Wettrennen zum großen Felsen.

gefiel   gab
Roter Wolke gefällt das. Also gibt Kleiner Wolf das Startsignal.

preschten
Schnell wie der Wind preschen sie durch das trockene Land.

sah   flog
Man sieht nur noch eine Staubwolke. Auf einmal fliegt ein großer Adler

erschreckte
direkt über ihnen und erschreckt Wildfang, das Pferd

sprang
von Kleiner Wolf. Er springt zur Seite und Kleiner

fiel   verfolgte
Wolf fällt auf den Boden. Wütend verfolgt

der Junge sein flüchtendes Pferd.

schüttelte
Rote Wolke schüttelt sich vor Lachen.

© Verlag an der Ruhr | Autorinnen: Kistner / Thonuskody | Indianer: © Norbert Höveler | ISBN 978-3-8346-3051-3 | www.verlagruhr.de

---

Präteritum

Einen Text umschreiben (2/4)

- **Der Text steht im Präsens. Unterstreiche alle Verben.**
- **Schreibe jeweils das Verb im Präteritum darüber.**

erwachte   war
Mitten in der Nacht erwacht Rote Wolke. Irgendetwas ist komisch.

wusste   roch
Erst weiß sie gar nicht warum. Dann riecht sie etwas Seltsames.

schlich   entdeckte
Leise schleicht sie sich aus dem Zelt. Sofort entdeckt sie das Tipi

schlugen
von Rasender Pfeil. Die Flammen schlagen schon meterhoch.

kreischte   schlug   schauten
Rote Wolke kreischt lauthals. Sie schlägt Alarm. Entsetzt schauen

schrien   blieb
alle in die Flammen. Sie schreien panisch. Nur der Häuptling bleibt ruhig.

schickte   hatten
Er schickt die Männer und Frauen zum Fluss. Die Kinder haben auch

beruhigten   redeten
eine Aufgabe. Sie beruhigen die Tiere. Sanft reden sie mit ihnen.

streichelte   wieherte
Kleiner Wolf streichelt Wildfang die Mähne. Er wiehert leise.

kamen
Endlich kommen die ersten Indianer mit dem Wasser und

löschten   war
löschen das Feuer. Das Zelt ist komplett zerstört. Zum Glück

besuchte
ist niemand verletzt. Rasender Pfeil besucht seit drei Tagen

bauten
den Nachbarstamm. Am nächsten Morgen bauen die Männer

ein neues Tipi für Rasender Pfeil.

© Verlag an der Ruhr | Autorinnen: Kistner / Thonuskody | Indianer: © Norbert Höveler | ISBN 978-3-8346-3051-3 | www.verlagruhr.de

Lösungen

Einen Text umschreiben (4/4)

Präteritum

Der Text steht im Präsens.

Schreibe ihn im Präteritum in dein Heft und unterstreiche die Verben.

Die Schwitzhütte war die Indianersauna. Die Indianer holten vom Flussufer zwölf Weidenruten. Sie steckten sie kreisförmig in den Boden und verbanden sie oben mit einer Sehne. Darüber legten sie Büffelhäute. In der Mitte der Hütte befand sich eine Grube mit heißen Steinen. Über die glühenden Steine gossen sie kaltes Wasser. So entstand Dampf. Er reinigte die Indianer in der Schwitzhütte.

Fülle den Lückentext im Präteritum aus.

Indianer __betrachteten__ (betrachten) Tiere als Gefährten mit einer Seele.

Einige Tiere __hatten__ (haben) ganz besondere Kräfte.

Dies __waren__ (sein) zum Beispiel Bären und Adler.

Der Adler __stand__ (stehen) für Weisheit und Mut.

Diese Tiere __bezeichnete__ (bezeichnen) man als Totemtiere.

Der Mensch __erwies__ (erweisen) sich als Freund der Tiere.

Dann __übertrugen__ (übertragen) sich die besonderen Kräfte

auf den Indianer. Jeder Indianer __suchte__ (suchen) in seiner

Jugend sein Tier. Viele der Totemtiere __erschienen__ (erscheinen)

dem Suchenden im Traum. Sein Totemtier __begleitete__ (begleiten)

und __beschützte__ (beschützen) einen Indianer ein Leben lang.

Aufgaben-Icon(s), Rahmen. © Verlag an der Ruhr | Autorinnen: Kistner/Thanuskody | Tipizelte: © Eva Sponjartt
© Verlag an der Ruhr | Autorinnen: Kistner/Thanuskody | ISBN 978-3-8346-3051-3 | www.verlagruhr.de

Einen Text umschreiben (3/4)

Präteritum

Der Text steht im Präsens.

Schreibe ihn im Präteritum in dein Heft und unterstreiche die Verben.

Zu den effektivsten Waffen der Indianer zählten Pfeil und Bogen. Es gab Flachbögen mit Hanfschnüren. Je nach Länge der Bögen flogen die Pfeile bis zu 140 m weit. Die Bögen waren zwischen 1,30 m und 2 m lang. Sie waren elastisch. Die Pfeile trug man in Köchern auf dem Rücken. Die Spitzen der Pfeile bestanden aus geschnitzten Knochen oder Steinen. Indianerjungen trainierten schon früh mit Pfeil und Bogen. Erst übten sie mit unbeweglichen Zielen und später schossen sie auf Hasen.

Fülle den Lückentext im Präteritum aus.

Kleiner Wolf __schnitzte__ (schnitzen) an seinen neuen Übungspfeilen.

Die stumpfen Spitzen __lagen__ (liegen) schon neben ihm.

Es __war__ (sein) harte Arbeit. Schon lange __benötigte__ (benötigen)

er neue Pfeile. Seine letzte Übungsstunde __war__ (sein) vor Wochen.

Nach 20 neuen Pfeilen __beendete__ (beenden)

er seine Arbeit. Voller Stolz __rannte__ (rennen)

er zum Übungsplatz. Sofort __schoss__ (schießen)

er die ersten Pfeile in Richtung Zielscheibe.

Seine Freunde __übten__ (üben) ebenfalls. Schnell __entstand__

(entstehen) ein Wettstreit unter den Jungen. Aber wie immer __gewann__

(gewinnen) der zielsichere Furchtlose Panther. Kleiner Wolf __holte__ (holen)

seine Übungspfeile und __steckte__ (stecken) sie zurück in den Köcher.

Aufgaben-Icon(s), Rahmen, Bogen, Pfeile. © Verlag an der Ruhr
© Verlag an der Ruhr | Autorinnen: Kistner/Thanuskody | ISBN 978-3-8346-3051-3 | www.verlagruhr.de

Lösungen

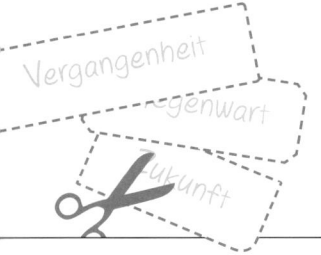

Präteritum

Vorsilben

Im Präteritum werden Verb und Vorsilbe im Satz getrennt.
Beispiel: ausreiten → Kleiner Wolf *ritt* gerne *aus*.

✏ **Unterstreiche im Text die Verben im Präteritum. Achte auf Verben mit Vorsilben.**

✏ **Trage die Verben in die Tabelle ein.**

Rote Wolke wartete vor dem Zelt auf Kleiner Wolf. Dieser hatte einen fiesen Plan. In seiner linken Hand hielt er eine kleine Schlange fest. Leise und vorsichtig schlich er sich an. Rote Wolke schaute sich schon ungeduldig um. In diesem Moment steckte der Junge ihr die Schlange in das Hemd. Entsetzt schrie Rote Wolke auf. Sofort fuchtelte sie wild mit den Armen herum. Schnell öffnete sie ihr Hemd und holte das Tier heraus. Wütend rannte sie davon. Kleiner Wolf lachte sie aus. „Das war nur eine ungefährliche Natter, du Angsthase!", schrie er ihr hinterher.

Infinitiv	Präteritum
warten	wartete
haben	hatte
festhalten	hielt fest
anschleichen	schlich an
umschauen	schaute um
stecken	steckte
aufschreien	schrie auf
herumfuchteln	fuchtelte herum
öffnen	öffnete
herausholen	holte heraus
davonrennen	rannte davon
auslachen	lachte aus
sein	war
hinterherschreien	schrie hinterher

Aufgaben-Icon(s): © Verlag an der Ruhr · Schlange: © Norbert Höveler

© Verlag an der Ruhr | Autorinnen: Kistner/Thanaskody | ISBN 978-3-8346-3051-3 | www.verlagruhr.de

---

Präteritum

Kreuzworträtsel

✏ **Schreibe die Verben im Präteritum für die entsprechende Person in das Kreuzworträtsel.**

Wichtig: ß bleibt ß!

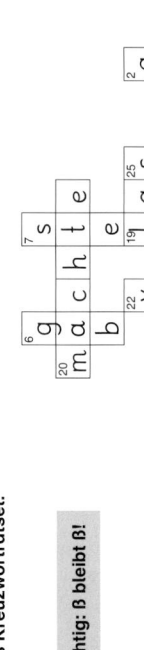

1. du bist
2. wir gehen
3. ihr habt
4. sie essen
5. ich rede
6. er gibt
7. sie stellt
8. ich singe
9. wir reiten
10. sie fahren
11. ich niese
12. er mag
13. wir tanzen
14. du kannst
15. ich spiele
16. sie nimmt
17. ihr werdet
18. sie lassen
19. er liest
20. ich mache
21. ihr seid
22. wir verlassen
23. sie verpasst
24. du holst
25. sie schauen

Aufgaben-Icon(s): © Verlag an der Ruhr

© Verlag an der Ruhr | Autorinnen: Kistner/Thanaskody | ISBN 978-3-8346-3051-3 | www.verlagruhr.de

Lösungen

Perfekt

Sätze bilden

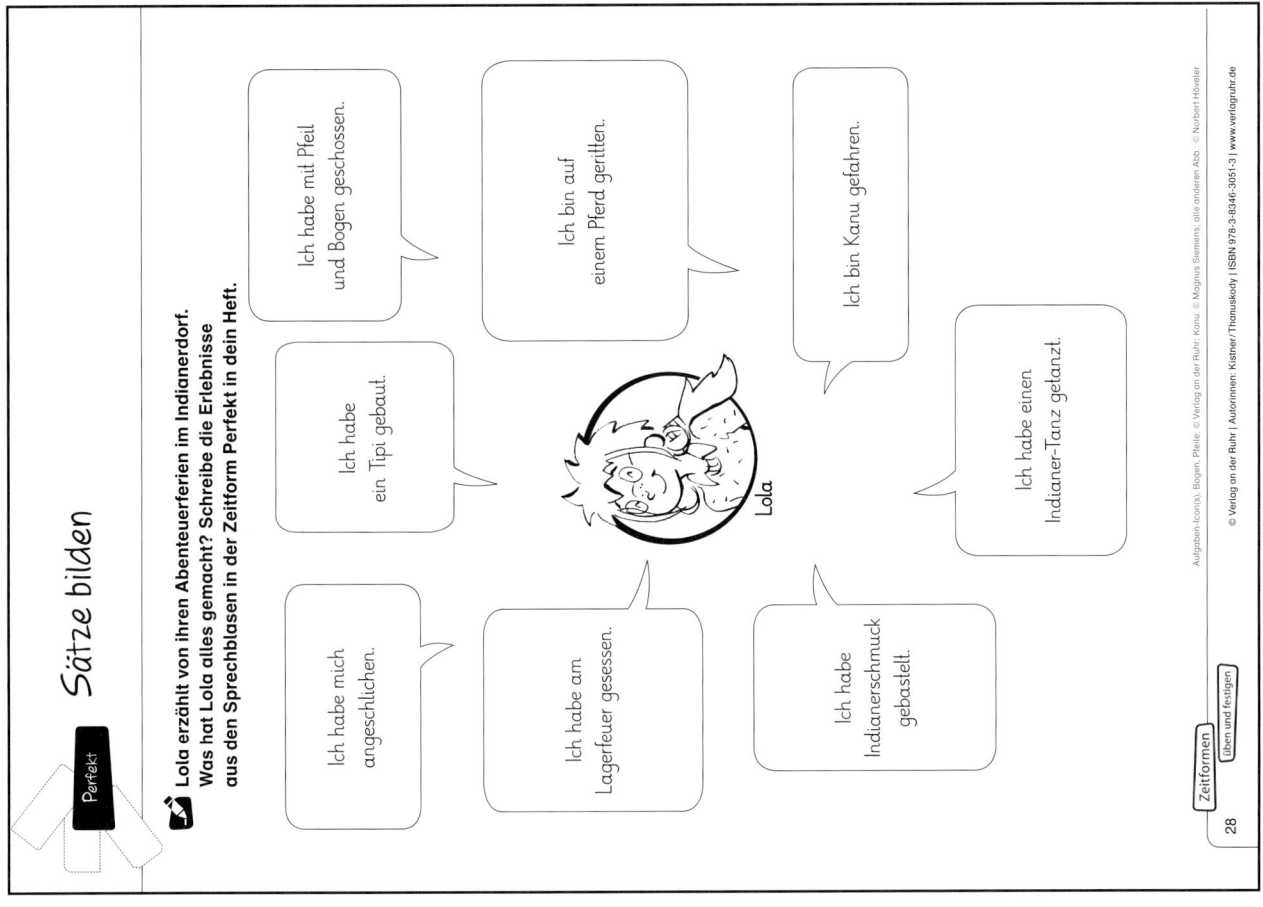

Lola erzählt von ihren Abenteuerferien im Indianerdorf. Was hat Lola alles gemacht? Schreibe die Erlebnisse aus den Sprechblasen in der Zeitform Perfekt in dein Heft.

Ich habe mit Pfeil und Bogen geschossen.

Ich bin auf einem Pferd geritten.

Ich bin Kanu gefahren.

Ich habe ein Tipi gebaut.

Ich habe einen Indianer-Tanz getanzt.

Lola

Ich habe mich angeschlichen.

Ich habe am Lagerfeuer gesessen.

Ich habe Indianerschmuck gebastelt.

Aufgaben-Iconis; © Verlag an der Ruhr | Bogen, Pfeile: © Verlag an der Ruhr | Autorinnen: Kistner/Thanuskody | Kanu: © Magnus Siemens; alle anderen Abb.: © Norbert Höveler

© Verlag an der Ruhr | Autorinnen: Kistner/Thanuskody | ISBN 978-3-8346-3051-3 | www.verlagruhr.de

Zeitformen | üben und festigen | 28

Perfekt

Verben zuordnen

Beim Perfekt werden nur die Hilfsverben „haben" oder „sein" gebeugt. Das Partizip II bleibt immer gleich.

haben: ich **habe** getanzt wir **haben** getanzt
du **hast** getanzt ihr **habt** getanzt
er/sie/es **hat** getanzt sie **haben** getanzt

sein: ich **bin** gewesen wir **sind** gewesen
du **bist** gewesen ihr **seid** gewesen
er/sie/es **ist** gewesen sie **sind** gewesen

Gehört zu dem Verb das Hilfsverb „haben" oder „sein"? Verbinde.

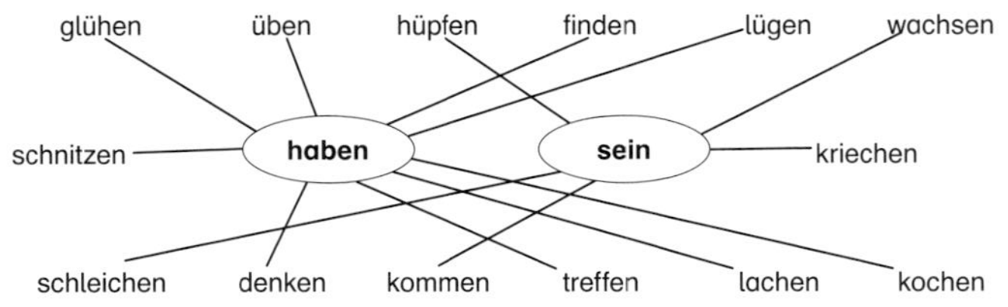

glühen üben hüpfen finden lügen wachsen

schnitzen schleichen denken kommen treffen lachen kriechen kochen

sein haben

Suche dir vier Verben aus: zwei mit dem Hilfsverb „haben" und zwei mit dem Hilfsverb „sein". Beuge sie in deinem Heft. Unterstreiche die Hilfsverben.

individuelle Lösungen

Aufgaben-Iconis; © Verlag an der Ruhr

© Verlag an der Ruhr | Autorinnen: Kistner/Thanuskody | ISBN 978-3-8346-3051-3 | www.verlagruhr.de

Zeitformen | üben und festigen | 27

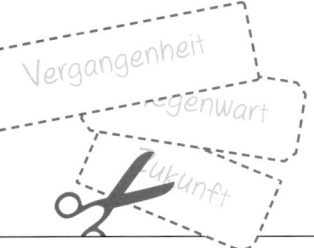

Lösungen

Eine Tabelle ergänzen

Perfekt

🔖 Fülle die Tabelle vollständig aus.
Achte auf die unterschiedlichen Personalformen.

Infinitiv	Präteritum	Perfekt
gehen	er ging	er ist gegangen
tanzen	wir tanzten	wir haben getanzt
sein	ich war	ich bin gewesen
kommen	sie kamen	sie sind gekommen
lesen	ich las	ich habe gelesen
haben	du hattest	du hast gehabt
fahren	wir fuhren	wir sind gefahren
suchen	ihr suchtet	ihr habt gesucht
befehlen	er befahl	er hat befohlen
brennen	es brannte	es hat gebrannt
waschen	ich wusch	ich habe gewaschen
werden	du wurdest	du bist geworden
legen	sie legten	sie haben gelegt

Aufgaben-Icon(s): © Verlag an der Ruhr · © Verlag an der Ruhr | Autorinnen: Kistner / Thonuskody | ISBN 978-3-8346-3051-3 | www.verlagruhr.de

---

Lückentext

Perfekt

🔖 Fülle den Lückentext in der Zeitform Perfekt aus.

Kleiner Wolf und Rote Wolke sitzen mit Häuptling Großer Bär am Lagerfeuer.
Großer Bär berichtet von einer Zeit, bevor er Häuptling war:

Vor vielen Monden **habe** ich unseren Nachbarstamm **besucht** (besuchen). Während ich mit den anderen den Geschichten des Häuptlings **habe** (lauschen), **sind** die Kinder des Dorfes heimlich zum Fluss **geschlichen** (schleichen). Plötzlich **haben** wir lautes Geschrei **gehört** (hören). Schnell **sind** wir den Schreien **gefolgt** (folgen) und **haben** die aufgeregten Kinder **entdeckt** (entdecken). Die Kinder **haben** verzweifelt auf den Fluss **gezeigt** (zeigen). Ich **bin** einfach ins Wasser **gerannt** (rennen). Ich **bin** untergetaucht (untertauchen) und **habe** einen Arm zu fassen **bekommen** (bekommen). Mit dem Kind unter dem Arm **bin** ich in Richtung Ufer **gewatet** (waten). Erst **ist** das Kind ganz still **gewesen** (sein). Doch zum Glück **hat** es aber bald **gehustet** (husten), Erleichtert **haben** wir uns dann alle am Feuer **aufgewärmt** (aufwärmen).

Aufgaben-Icon(s): © Verlag an der Ruhr · © Verlag an der Ruhr | Autorinnen: Kistner / Thonuskody · Illustration: © Verlag an der Ruhr, Indianer: © Norbert Höveler | ISBN 978-3-8346-3051-3 | www.verlagruhr.de

Lösungen

Eine Tabelle ergänzen

Futur

✂ Trage die Verben von S. 35 in die Tabelle ein und fülle sie aus.

✂ Benutze beim Präteritum immer die „er-Form".

Infinitiv	Präteritum	Futur
sorgen	er sorgte	werde sorgen
haben	er hatte	wird haben
reiten	er ritt	werden reiten
bauen	er baute	werden bauen
machen	er machte	werde machen
weben	er webte	wird weben
erhalten	er erhielt	wird erhalten
zeigen	er zeigte	werde zeigen
bekommen	er bekam	werden bekommen
helfen	er half	werden helfen
sitzen	er saß	wird sitzen
unterstützen	er unterstützte	werden unterstützen
erzählen	er erzählte	wird erzählen

Verben unterstreichen

Futur

Kleiner Wolf wird bald ein Geschwisterchen bekommen und macht sich Gedanken.

✂ Unterstreiche im Text das Futur.

Ich werde gut für das Kleine sorgen.

Wird Mama noch Zeit für mich haben?

Werden wir noch gemeinsam reiten?

Papa und ich werden ihm einen Schlafplatz bauen.

Morgen werde ich Mama das Frühstück machen.

Kleine Wolke wird eine Decke für das Baby weben.

Was für einen Namen wird das Baby wohl erhalten?

Ich werde ihm das Dorf zeigen.

Werden Mama und das Baby Geschenke bekommen?

Die Frauen werden Mama bei der Geburt helfen.

Papa wird wieder aufgeregt vor dem Zelt sitzen.

Die Männer werden Papa unterstützen.

Ob der Häuptling Geschichten erzählen wird?

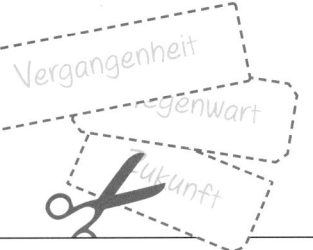

Lösungen

Die vier Zeiten (1/2)

Gemischte Übungen

✎ Übertrage die Sätze in die verschiedenen Zeitformen.

Rote Wolke _____ (flechten) ihre Haare.

Präsens	Rote Wolke flicht ihre Haare.
Futur	Rote Wolke wird ihre Haare flechten.
Präteritum	Rote Wolke flocht ihre Haare.
Perfekt	Rote Wolke hat ihre Haare geflochten.

_____ (kochen) die Mutter Gemüse?

Präsens	Kocht die Mutter Gemüse?
Futur	Wird die Mutter Gemüse kochen?
Präteritum	Kochte die Mutter Gemüse?
Perfekt	Hat die Mutter Gemüse gekocht?

Wir _____ (essen) vor dem Tipi.

Präsens	Wir essen vor dem Tipi.
Futur	Wir werden vor dem Tipi essen.
Präteritum	Wir aßen vor dem Tipi.
Perfekt	Wir haben vor dem Tipi gegessen.

Alle _____ (sein) fröhlich.

Präsens	Alle sind fröhlich.
Futur	Alle werden fröhlich sein.
Präteritum	Alle waren fröhlich.
Perfekt	Alle sind fröhlich gewesen.

Aufgaben-Icon(s): © Verlag an der Ruhr

© Verlag an der Ruhr | Autorinnen: Kistner / Thanuskody | ISBN 978-3-8346-3051-3 | www.verlagruhr.de

---

Lückentext

Futur

✎ In den Sätzen unten fehlen die Verben.
Schreibe die Sätze im Futur in dein Heft und ergänze dabei die Lücken.

✎ Unterstreiche die Verben.

Alle Männer des Dorfes sitzen zusammen und planen die größte Jagd des Jahres, um einen Vorrat für den Winter anzulegen.

> Ihr zwei **werdet** euch hinter dem großen Felsen **verstecken**.

> So **werden** wir viele Vorräte **haben**.

> Großer Bär **wird** das Signal **geben**.

> Wir **werden** mit großem Geheule die Herde **aufschrecken**.

> Dann **werden** die Tiere zu dem Felsen **rennen**.

> Dort **werden** wir die Tiere **erlegen**.

> Die Frauen **werden** die Felle **verarbeiten**.

> Die Jagd **wird** eine Woche **dauern**.

Aufgaben-Icon(s): © Verlag an der Ruhr, Indianerrundel.Lagerfeuer: © Norbert Höveler

© Verlag an der Ruhr | Autorinnen: Kistner / Thanuskody | ISBN 978-3-8346-3051-3 | www.verlagruhr.de

Lösungen

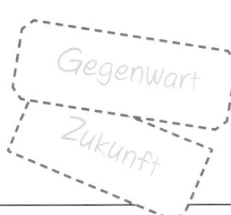

Gemischte Übungen

Lückensätze (1/2)

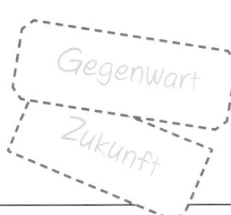

✏ **Fülle die Lücken mit den richtigen Verbformen aus.**

Präsens

1. In der Morgensonne schimmert (schimmern) das Wasser.
2. Manchmal erzählen (erzählen) die Männer Jagdgeschichten.
3. Machen (machen) wir ein Feuer?
4. Ihr seid (sein) dran, Teppiche zu knüpfen.

Präteritum

1. Im Sommer saß (sitzen) er lange draußen.
2. Letztens waren (sein) wir am See.
3. Gestern besuchten (besuchen) uns die Nachbarn.
4. Ich musste (müssen) dringend Pfeile schnitzen.

Perfekt

1. Hast du einen Fisch gefangen (fangen)?
2. Es ist sehr dunkel gewesen (sein).
3. Die Pferde sind blitzschnell galoppiert (galoppieren).
4. Da habt ihr aber Glück gehabt (haben).

Futur

1. Bald werdet ihr neue Vorräte sammeln (sammeln).
2. Wird Kleiner Wolf meine Spur finden (finden)?
3. Wirst du heute für uns tanzen (tanzen)?
4. Die Kinder werden aufgeregt sein (sein).

Aufgaben-Icon(s): © Verlag an der Ruhr | Autorinnen: Kistner / Thanuskody | ISBN 978-3-8346-3051-3 | www.verlagruhr.de
© Verlag an der Ruhr | Autorinnen: Kistner / Thanuskody / Büttelgeß © Norbert Höveler

Zeitformen
üben und festigen   41

Gemischte Übungen

Die vier Zeiten (2/2)

✏ **Übertrage die Sätze in die verschiedenen Zeitformen.**

Die Jungen _____ **(spielen) mit Steinen.**

Präsens	Die Jungen spielen mit Steinen.
Futur	Die Jungen werden mit Steinen spielen.
Präteritum	Die Jungen spielten mit Steinen.
Perfekt	Die Jungen haben mit Steinen gespielt.

_____ **(sammeln) das Mädchen Beeren?**

Präsens	Sammelt das Mädchen Beeren?
Futur	Wird das Mädchen Beeren sammeln?
Präteritum	Sammelte das Mädchen Beeren?
Perfekt	Hat das Mädchen Beeren gesammelt?

Ihr _____ **(kommen) aber sehr spät.**

Präsens	Ihr kommt aber sehr spät.
Futur	Ihr werdet aber sehr spät kommen.
Präteritum	Ihr kamt aber sehr spät.
Perfekt	Ihr seid aber sehr spät gekommen.

Du _____ **(helfen) beim Aufbau.**

Präsens	Du hilfst beim Aufbau.
Futur	Du wirst beim Aufbau helfen.
Präteritum	Du halfst beim Aufbau.
Perfekt	Du hast beim Aufbau geholfen.

Aufgaben-Icon(s): © Verlag an der Ruhr
© Verlag an der Ruhr | Autorinnen: Kistner / Thanuskody | ISBN 978-3-8346-3051-3 | www.verlagruhr.de

Zeitformen
üben und festigen   40

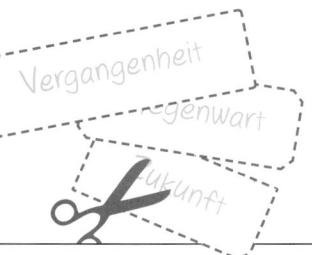

Lösungen

Gemischte Übungen · Lückensätze (2/2)

Fülle die Lücken mit den richtigen Verbformen aus.

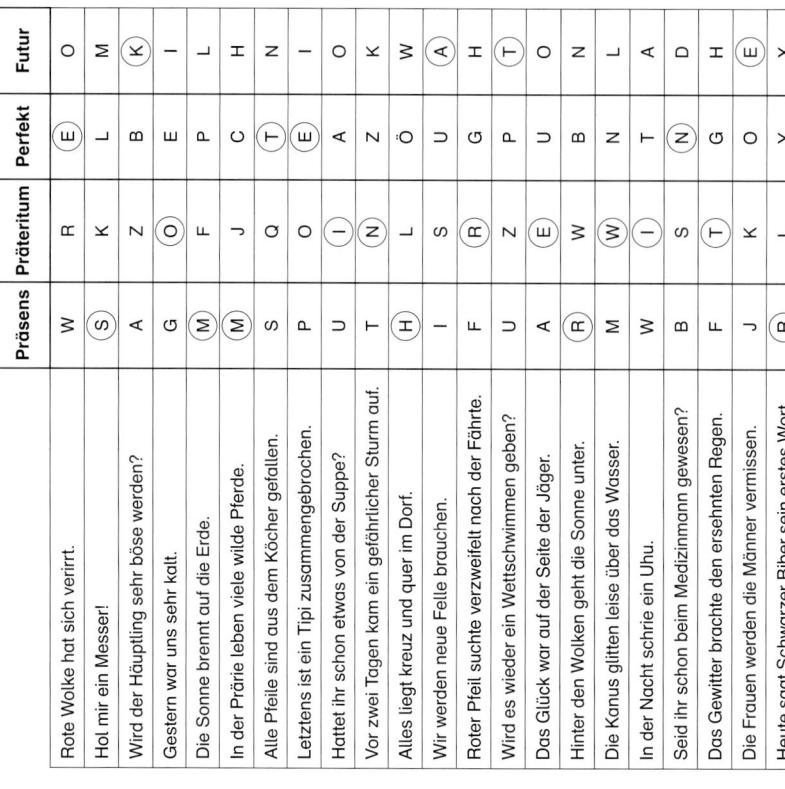

Präsens

1. Zum Nachtisch __gibt__ (geben) es Beeren.
2. __Holt__ (holen) mir frisches Wasser, Kinder!
3. __Singen__ (singen) wir am Feuer?
4. __Komm__ (kommen) sofort her, Rote Wolke!

Präteritum

1. Kleiner Wolf __fuhr__ (fahren) mit dem Kanu.
2. __War__ (sein) die Jagd erfolgreich?
3. Wir __hatten__ (haben) kein Glück.
4. Danach __warf__ (werfen) er Steine ins Wasser.

Perfekt

1. Es __ist__ mir __gelungen__ (gelingen).
2. Das Dorf __hat__ eine Reise __unternommen__ (unternehmen).
3. __Hast__ du Kleine Feder __gefragt__ (fragen)?
4. __Seid__ ihr auf den Felsen __geklettert__ (klettern)?

Futur

1. In zwei Tagen __werden__ die Männer __wiederkommen__ (wiederkommen).
2. Rote Wolke __wird__ ihr Kleid __besticken__ (besticken).
3. __Werden__ alle rechtzeitig da __sein__ (sein)?
4. Du __wirst__ einmal Medizinmann __werden__ (werden).

© Verlag an der Ruhr | Autorinnen: Kistner/Thonuskody | ISBN 978-3-8346-3051-3 | www.verlagruhr.de
Aufgaben-Icon(s): © Verlag an der Ruhr, Indianerin: © Norbert Höveler

---

Gemischte Übungen · Lösungssatz

In welcher Zeitform steht der Satz?
Entscheide dich und kreise den entsprechenden Buchstaben ein.
Trage die Buchstaben der Reihe nach unten ein.
Wie lautet der Lösungssatz?

	Präsens	Präteritum	Perfekt	Futur
Rote Wolke hat sich verirrt.	W	R	(E)	O
Hol mir ein Messer!	(S)	K	L	M
Wird der Häuptling sehr böse werden?	A	Z	B	(K)
Gestern war uns sehr kalt.	G	(O)	E	I
Die Sonne brennt auf die Erde.	(M)	F	P	L
In der Prärie leben viele wilde Pferde.	(M)	J	C	H
Alle Pfeile sind aus dem Köcher gefallen.	S	Q	(T)	N
Letztens ist ein Tipi zusammengebrochen.	P	O	(E)	I
Hattet ihr schon etwas von der Suppe?	U	(I)	A	O
Vor zwei Tagen kam ein gefährlicher Sturm auf.	T	(N)	Z	K
Alles liegt kreuz und quer im Dorf.	(H)	L	Ö	W
Wir werden neue Felle brauchen.	I	S	U	(A)
Roter Pfeil suchte verzweifelt nach der Fährte.	F	(R)	G	H
Wird es wieder ein Wettschwimmen geben?	U	Z	P	(T)
Das Glück war auf der Seite der Jäger.	A	(E)	U	O
Hinter den Wolken geht die Sonne unter.	(R)	W	B	N
Die Kanus glitten leise über das Wasser.	M	(W)	N	L
In der Nacht schrie ein Uhu.	W	(I)	T	A
Seid ihr schon beim Medizinmann gewesen?	B	S	(N)	D
Das Gewitter brachte den ersehnten Regen.	F	(T)	G	H
Die Frauen werden die Männer vermissen.	J	K	O	(E)
Heute sagt Schwarzer Biber sein erstes Wort.	(R)	L	Y	X

Lösungssatz:

E S   K O M M T   E I N   H A R T E R   W I N T E R.

© Verlag an der Ruhr | Autorinnen: Kistner/Thonuskody | ISBN 978-3-8346-3051-3 | www.verlagruhr.de

Lösungen

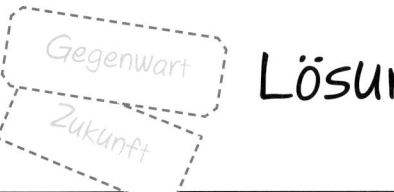

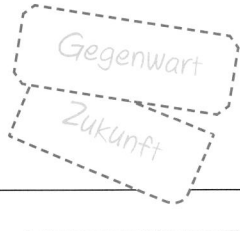

Gemischte Übungen — Sätze bilden

Die Wörter in den Tipis gehören zu einem Satz.
Bilde die Sätze in der angegebenen Zeitform.
Schreibe sie in dein Heft und unterstreiche die Verben.

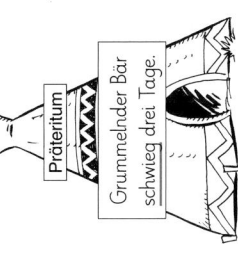

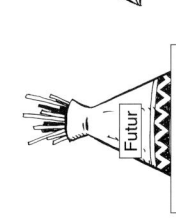

Perfekt — Ich habe das Lagerfeuer entzündet.

Präteritum — Grummelnder Bär schwieg drei Tage.

Präteritum — Letzte Nacht war Vollmond.

Futur — Ihr werdet neue Wildpferde einfangen.

Perfekt — Du bist vom Felsen ins Wasser gesprungen.

Futur — Heute Abend werden alle Fladenbrote essen.

Präsens — Du hast die längsten Haare.

Aufgaben-Icon(s): Schiller; © Verlag an der Ruhr | Autorinnen: Kistner/Thanuskody, Tipizelte; © Norbert Höveler
© Verlag an der Ruhr | Autorinnen: Kistner/Thanuskody | ISBN 978-3-8346-3051-3 | www.verlagruhr.de

Gemischte Übungen — Verbformen

Schreibe den Merkkasten in dein Heft.
Tipp: Singular = Einzahl, Plural = Mehrzahl

1. Person Singular: ich   1. Person Plural: wir
2. Person Singular: du   2. Person Plural: ihr
3. Person Singular: er/sie/es 3. Person Plural: sie

Schreibe in der angegebenen Personal- und Zeitform in dein Heft.

Beispiel:

1. Person Singular
Präteritum
schreiben

a) ich schrieb

b) 3. Person Plural, Perfekt, spielen → sie haben gespielt

c) 1. Person Plural, Futur, verreisen → wir werden verreisen

d) 3. Person Singular, Perfekt, sein → er/sie/es ist gewesen

e) 1. Person Singular, Präteritum, rennen → ich rannte

f) 2. Person Singular, Perfekt, haben → du hast gehabt

g) 1. Person Plural, Präteritum, fahren → wir fuhren

h) 3. Person Singular, Perfekt, gießen → er/sie/es hat gegossen

i) 1. Person Singular, Präteritum, lesen → ich las

j) 2. Person Singular, Futur, feiern → du wirst feiern

k) 1. Person Plural, Präteritum, verschwinden → wir verschwanden

l) 3. Person Singular, Präsens, essen → er/sie/es isst

m) 2. Person Plural, Perfekt, werden → ihr seid geworden

Aufgaben-Icon(s): Schiller; © Verlag an der Ruhr
© Verlag an der Ruhr | Autorinnen: Kistner/Thanuskody | ISBN 978-3-8346-3051-3 | www.verlagruhr.de

Notizen